MÉMENTO PERSONNEL

DE JURISPRUDENCE.

CODE D'INSTRUCTION CRIMINELLE ET CODE PÉNAL.

PARIS. — IMPRIMERIE ET LIBRAIRIE ADMINISTRATIVES DE PAUL DUPONT

Rue de Grenelle-Saint-Honoré, 45.

MÉMENTO PERSONNEL

DE JURISPRUDENCE

OU

RECUEIL DE CODES A NOTER

CONTENANT

LE CODE NAPOLÉON, — LE CODE DE PROCÉDURE CIVILE, — LE CODE DE COMMERCE, — LE CODE D'INSTRUCTION CRIMINELLE, — LE CODE PÉNAL.

Par **M. VIDAL**, ancien Avoué.

Quatrième Livraison : CODE D'INSTRUCTION CRIMINELLE ET CODE PÉNAL.

Prix : **6 francs.**

PARIS,

IMPRIMERIE ET LIBRAIRIE ADMINISTRATIVES DE PAUL DUPONT,

RUE DE GRENELLE-SAINT-HONORÉ, N° 45.

1858-1859

CODE D'INSTRUCTION CRIMINELLE.

DISPOSITIONS PRÉLIMINAIRES.

(Loi décrétée le 17 novembre 1808. Promulguée le 27.)

ARTICLE 1ᵉʳ. L'action pour l'application des peines n'appartient qu'aux fonctionnaires auxquels elle est confiée par la loi. — L'action en réparation du dommage causé par un crime, par un délit ou par une contravention, peut être exercée par tous ceux qui ont souffert de ce dommage.

2. L'action publique pour l'application de la peine s'éteint par la mort du prévenu. — L'action civile pour la réparation du dommage peut être exercée contre le prévenu et contre ses représentants. — L'une et l'autre action s'éteignent par la prescription, ainsi qu'il est réglé au livre II, titre VII, chapitre V, de la *Prescription* (art. 635 à 643.)

3. L'action civile peut être poursuivie en même temps et devant les mêmes juges que l'action publique. — Elle peut aussi l'être séparément : dans ce cas, l'exercice en est suspendu tant qu'il n'a pas été prononcé définitivement sur l'action publique, intentée avant ou pendant la poursuite de l'action civile.

4. La renonciation à l'action civile ne peut arrêter ni suspendre l'exercice de l'action publique.

5. Tout Français qui se sera rendu coupable, hors du territoire de France, d'un crime attentatoire à la sûreté de l'État, de contrefaçon du sceau de l'État, de monnaies nationales ayant cours, de papiers nationaux, de billets de banques autorisées par la loi, pourra être poursuivi, jugé et puni en France, d'après les dispositions des lois françaises.

6. Cette disposition pourra être étendue aux étrangers qui, auteurs ou complices des mêmes crimes, seraient arrêtés en France, ou dont le Gouvernement obtiendrait l'extradition.

7. Tout Français qui se sera rendu coupable, hors du territoire du royaume, d'un crime contre un Français, pourra, à son retour en France, y être poursuivi et jugé, s'il n'a pas été poursuivi et jugé en pays étranger, et si le Français offensé rend plainte contre lui.

EXTRAITS DES CODES ANNOTÉS DE SIREY ET AUTRES AUTEURS.

ARRÊTS ET JURISPRUDENCE DE LA COUR
DE CASSATION.

ARRÊTS ET JURISPRUDENCE DE LA COUR IMPÉRIALE
DU RESSORT.

JUGEMENTS ET JURISPRUDENCE DU TRIBUNAL CIVIL DU RESSORT.

OBSERVATIONS DIVERSES.

LIVRE PREMIER.

De la police judiciaire et des officiers de police qui l'exercent.

(Suite de la loi du 17 novembre 1808.)

CHAP. I. — DE LA POLICE JUDICIAIRE.

8. La police judiciaire recherche les crimes, les délits et les contraventions, en rassemble les preuves et en livre les auteurs aux tribunaux chargés de les punir.

9. La police judiciaire sera exercée, sous l'autorité des cours impériales, et suivant les distinctions qui vont être établies, — Par les gardes champêtres et les gardes forestiers; — Par les commissaires de police; — Par les maires et les adjoints de maire; — Par les procureurs impériaux et leurs substituts; — Par les juges de paix; — Par les officiers de gendarmerie; — Par les commissaires généraux de police; — Et par les juges d'instruction.

10. Les préfets des départements, et le préfet de police à Paris, pourront faire personnellement, ou requérir les officiers de police judiciaire, chacun en ce qui le concerne, de faire tous actes nécessaires à l'effet de constater les crimes, délits et contraventions, et d'en livrer les auteurs aux tribunaux chargés de les punir, conformément à l'article 8 ci-dessus.

CHAP. II. — DES MAIRES, DES ADJOINTS DE MAIRE ET DES COMMISSAIRES DE POLICE.

11. Les commissaires de police, et, dans les communes où il n'y en a point, les maires, au défaut de ceux-ci les adjoints de maire, rechercheront les contraventions de police, même celles qui sont sous la surveillance spéciale des gardes forestiers et champêtres, à l'égard desquels ils auront concurrence et même prévention. — Ils recevront les rapports, dénonciations et plaintes qui seront relatifs aux contraventions de police. — Ils consigneront, dans les procès-verbaux qu'ils rédigeront à cet effet, la nature et les circonstances des contraventions, le temps et le lieu où elles auront été commises, les preuves ou indices à la charge de ceux qui en seront présumés coupables.

12. Dans les communes divisées en plusieurs arrondissements, les commissaires de police exerceront ces fonctions dans toute l'étendue de la commune où ils sont établis, sans pouvoir alléguer que les contraventions ont été commises hors de l'arrondissement particulier auxquels ils sont préposés.—Ces arrondissements ne limitent ni ne circonscrivent leurs pouvoirs respectifs, mais indiquent seulement les termes dans lesquels chacun d'eux est plus spécialement astreint à un exercice constant et régulier de ses fonctions.

13. Lorsque l'un des commissaires de police d'une même commune se trouvera légitimement empêché, celui de l'arrondissement voisin est tenu de le suppléer, sans qu'il puisse retarder le service pour lequel il sera requis, sous prétexte qu'il n'est pas le plus voisin du commissaire empêché, ou que l'empêchement n'est pas légitime ou n'est pas prouvé.

14. Dans les communes où il n'y a qu'un commissaire de police, s'il se trouve légitimement empêché, le maire, ou, au défaut de celui-ci, l'adjoint du maire, le remplacera tant que durera l'empêchement.

15. Les maires ou adjoints de maire remettront à l'officier par qui sera rempli le ministère public près le tribunal de police toutes les pièces et renseignements, dans les trois jours au plus tard, y compris celui où ils ont reconnu le fait sur lequel ils ont procédé.

CHAP. III. — DES GARDES CHAMPÊTRES ET FORESTIERS.

16. Les gardes champêtres et les gardes forestiers, considérés comme officiers de police judiciaire, sont chargés de rechercher, chacun dans le territoire pour lequel ils auront été assermentés, les délits et les contraventions de police qui auront porté atteinte aux propriétés rurales et forestières.—Ils dresseront des procès-verbaux à l'effet de constater la nature, les circonstances, le temps, le lieu des délits et des contraventions, ainsi que les preuves et les indices qu'ils auront pu en recueillir. — Ils suivront les choses enlevées dans les lieux où elles auront été transportées, et les mettront en séquestre : ils ne pourront néanmoins s'introduire dans les maisons, ateliers, bâtiments, cours adjacentes et enclos, si ce n'est en présence, soit du juge de paix, soit de son suppléant, soit du commissaire de police, soit du maire du lieu, soit de son adjoint; et le procès-verbal qui devra en être dressé sera signé par celui en présence duquel il aura été fait.—Ils arrêteront et conduiront devant le juge de paix ou devant le maire tout individu qu'ils auront surpris en flagrant délit ou qui sera dénoncé par la clameur publique, lorsque ce délit emportera la peine d'emprisonnement ou une peine plus grave. — Ils se feront donner, pour cet effet, main-forte par le maire ou par l'adjoint du maire du lieu, qui ne pourra s'y refuser.

17. Les gardes champêtres et forestiers sont, comme officiers de police judiciaire, sous la surveillance du procureur impérial, sans préjudice de leur subordination, à l'égard de leurs supérieurs dans l'administration.

18. Les gardes forestiers de l'administration, des communes et des établissements publics, remettront leurs procès-verbaux au conservateur, inspecteur ou sous-inspecteur forestier, dans le

ARRÊTS ET JURISPRUDENCE DE LA COUR DE CASSATION.	ARRÊTS ET JURISPRUDENCE DE LA COUR IMPÉRIALE DU RESSORT.

JUGEMENTS ET JURISPRUDENCE DU TRIBUNAL CIVIL DU RESSORT.

OBSERVATIONS DIVERSES.

délai fixé par l'article 15. — L'officier qui aura reçu l'affirmation sera tenu, dans la huitaine, d'en donner avis au procureur impérial.

19. Le conservateur, inspecteur ou sous-inspecteur, fera citer les prévenus ou les personnes civilement responsables devant le tribunal correctionnel.

20. Les procès-verbaux des gardes champêtres des communes, et ceux des gardes champêtres et forestiers des particuliers, seront, lorsqu'il s'agira de simples contraventions, remis par eux, dans le délai fixé par l'article 15, au commissaire de police de la commune chef-lieu de la justice de paix, ou au maire, dans les communes où il n'y a point de commissaire de police; et lorsqu'il s'agira d'un délit de nature à mériter une peine correctionnelle, la remise sera faite au procureur impérial.

21. Si le procès-verbal a pour objet une contravention de police, il sera procédé, par le commissaire de police de la commune chef-lieu de la justice de paix, par le maire, ou, à son défaut, par l'adjoint de maire, dans les communes où il n'y a point de commissaire de police, ainsi qu'il sera réglé au chapitre 1er, titre 1er, du livre II du présent Code (art. 137 à 178.)

CHAP. IV. — DES PROCUREURS IMPÉRIAUX ET DE LEURS SUBSTITUTS.

SECT. I. — *De la compétence des procureurs impériaux relativement à la police judiciaire.*

22. Les procureurs impériaux sont chargés de la recherche et de la poursuite de tous les délits dont la connaissance appartient aux tribunaux de police correctionnelle ou aux cours d'assises.

23. Sont également compétents, pour remplir les fonctions déléguées par l'article précédent, le procureur impérial du lieu du crime ou délit, celui de la résidence du prévenu et celui du lieu où le prévenu pourra être trouvé.

24. Ces fonctions, lorsqu'il s'agira de crimes ou de délits commis hors du territoire français, dans les cas énoncés aux articles 5, 6 et 7, seront remplies par le procureur impérial du lieu où résidera le prévenu, ou par celui du lieu où il pourra être trouvé, ou par celui de sa dernière résidence connue.

25. Les procureurs impériaux et tous autres officiers de police judiciaire, auront, dans l'exercice de leurs fonctions, le droit de requérir directement la force publique.

26. Le procureur impérial sera, en cas d'empêchement, remplacé par son substitut, ou, s'il y a plusieurs substituts, par le plus ancien. S'il n'a pas de substitut, il sera remplacé par un juge commis à cet effet par le président.

27. Les procureurs impériaux seront tenus, aussitôt que les délits parviendront à leur connaissance, d'en donner avis au procureur général près la cour impériale, et d'exécuter ses ordres relativement à tous actes de police judiciaire.

28. Ils pourvoiront à l'envoi, à la notification et à l'exécution des ordonnances qui seront rendues par le juge d'instruction, d'après les règles qui seront ci-après établies au chapitre des *Juges d'instruction.*

SECT. II. — *Mode de procéder des procureurs impériaux dans l'exercice de leurs fonctions.*

29. Toute autorité constituée, tout fonctionnaire ou officier public, qui, dans l'exercice de ses fonctions, acquerra la connaissance d'un crime ou d'un délit, sera tenu d'en donner avis sur-le-champ au procureur impérial près le tribunal dans le ressort duquel ce crime ou délit aura été commis ou dans lequel le prévenu pourrait être trouvé, et de transmettre à ce magistrat tous les renseignements, procès-verbaux et actes qui y sont relatifs.

30. Toute personne qui aura été témoin d'un attentat, soit contre la sûreté publique, soit contre la vie ou la propriété d'un individu, sera pareillement tenue d'en donner avis au procureur impérial, soit du lieu du crime ou du délit, soit du lieu où le prévenu pourra être trouvé.

31. Les dénonciations seront rédigées par les dénonciateurs, ou par leurs fondés de procuration spéciale, ou par le procureur impérial s'il en est requis; elles seront toujours signées par le procureur impérial à chaque feuillet, et par les dénonciateurs ou par leurs fondés de pouvoir. — Si les dénonciateurs ou leurs fondés de pouvoir ne savent ou ne veulent pas signer, il en sera fait mention. — La procuration demeurera toujours annexée à la dénonciation; et le dénonciateur pourra se faire délivrer, mais à ses frais, une copie de sa dénonciation.

32. Dans tous les cas de flagrant délit, lorsque le fait sera de nature à entraîner une peine afflictive ou infamante, le procureur impérial se transportera sur le lieu, sans aucun retard, pour y dresser les procès-verbaux nécessaires à l'effet de constater le corps du délit, son état, l'état des lieux, et pour recevoir les déclarations des personnes qui auraient été présentes, ou qui auraient des renseignements à donner. — Le procureur impérial donnera avis de son transport au juge d'instruction, sans être toutefois tenu de l'attendre pour procéder, ainsi qu'il est dit au présent chapitre.

33. Le procureur impérial pourra aussi, dans le cas de l'article précédent, appeler à son procès-verbal les parents, voisins ou domestiques, présumés en état de donner des éclaircissements sur le fait; il recevra leurs déclarations, qu'ils signeront : les déclarations reçues en conséquence du présent article et de l'article précédent seront signées par les parties, ou, en cas de refus, il en sera fait mention.

34. Il pourra défendre que qui que ce soit sorte de la maison, ou s'éloigne du lieu, jusqu'après la clôture de son procès-verbal. — Tout contrevenant à cette défense sera, s'il peut être saisi, déposé dans la maison d'arrêt : la peine encourue pour la contravention sera prononcée par le juge d'instruction, sur les conclusions du procureur impérial, après que le contrevenant aura été cité et entendu, ou par défaut s'il ne comparaît pas, sans autre formalité ni délai, et sans opposition ni appel. — La peine ne pourra excéder dix jours d'emprisonnement et cent francs d'amende.

35. Le procureur impérial se saisira des armes et de tout ce qui paraîtra avoir servi ou avoir été destiné à commettre le crime ou le délit, ainsi que de tout ce qui paraîtra en avoir été le produit, enfin de tout ce qui pourra servir à la manifestation de la vérité : il interpellera le prévenu de s'expliquer sur les choses saisies qui lui seront représentées; il dressera du tout un procès-verbal, qui sera signé par le prévenu, ou mention sera faite de son refus.

36. Si la nature du crime ou du délit est telle, que la preuve puisse vraisemblablement être acquise par les papiers ou autres pièces et effets en la possession du prévenu, le procureur impé-

ARRÊTS ET JURISPRUDENCE DE LA COUR DE CASSATION.	ARRÊTS ET JURISPRUDENCE DE LA COUR IMPÉRIALE DU RESSORT.

JUGEMENTS ET JURISPRUDENCE DU TRIBUNAL CIVIL DU RESSORT.

OBSERVATIONS DIVERSES.

rial se transportera de suite dans le domicile du prévenu, pour y faire la perquisition des objets qu'il jugera utiles à la manifestation de la vérité.

37. S'il existe, dans le domicile du prévenu, des papiers ou effets qui puissent servir à conviction ou à décharge, le procureur impérial en dressera procès-verbal, et se saisira desdits effets ou papiers.

38. Les objets saisis seront clos et cachetés, si faire se peut; ou, s'ils ne sont pas susceptibles de recevoir des caractères d'écriture, ils seront mis dans un vase ou dans un sac, sur lequel le procureur impérial attachera une bande de papier qu'il scellera de son sceau.

39. Les opérations prescrites par les articles précédents seront faites en présence du prévenu, s'il a été arrêté; et, s'il ne veut ou ne peut y assister, en présence d'un fondé de pouvoir qu'il pourra nommer. Les objets lui seront présentés à l'effet de les reconnaître et de les parafer, s'il y a lieu; et, au cas de refus, il en sera fait mention au procès-verbal.

40. Le procureur impérial audit cas de flagrant délit, et lorsque le fait sera de nature à entraîner peine afflictive ou infamante, fera saisir les prévenus présents contre lesquels il existerait des indices graves. — Si le prévenu n'est pas présent, le procureur impérial rendra une ordonnance à l'effet de le faire comparaître; cette ordonnance s'appelle *mandat d'amener*. — La dénonciation seule ne constitue pas une présomption suffisante pour décerner cette ordonnance contre un individu ayant domicile. — Le procureur impérial interrogera sur-le-champ le prévenu amené devant lui.

41. Le délit qui se commet actuellement, ou qui vient de se commettre, est un flagrant délit. — Seront aussi réputés flagrant délit, le cas où le prévenu est poursuivi par la clameur publique, et celui où le prévenu est trouvé saisi d'effets, armes, instruments ou papiers faisant présumer qu'il est auteur ou complice, pourvu que ce soit dans un temps voisin du délit.

42. Les procès-verbaux du procureur impérial, en exécution des articles précédents, seront faits et rédigés en la présence et revêtus de la signature du commissaire de police de la commune dans laquelle le crime ou le délit aura été commis, ou du maire, ou de l'adjoint du maire, ou de deux citoyens domiciliés dans la même commune. — Pourra néanmoins le procureur impérial dresser les procès-verbaux sans assistance de témoins, lorsqu'il n'y aura pas possibilité de s'en procurer tout de suite. — Chaque feuillet du procès-verbal sera signé par le procureur impérial et par les personnes qui y auront assisté : en cas de refus ou d'impossibilité de signer de la part de celles-ci, il en sera fait mention.

43. Le procureur impérial se fera accompagner, au besoin, d'une ou de deux personnes présumées, par leur art ou profession, capables d'apprécier la nature et les circonstances du crime ou délit.

44. S'il s'agit d'une mort violente, ou d'une mort dont la cause soit inconnue et suspecte, le procureur impérial se fera assister d'un ou de deux officiers de santé, qui feront leur rapport sur les causes de la mort et sur l'état du cadavre. — Les personnes appelées, dans les cas du présent article et de l'article précédent, prêteront devant le procureur impérial le serment de faire leur rapport et de donner leur avis en leur honneur et conscience.

45. Le procureur impérial transmettra sans délai au juge d'instruction les procès-verbaux, actes, pièces et instruments, dressés ou saisis en conséquence des articles précédents, pour être procédé ainsi qu'il sera dit au chapitre des *Juges d'instruction* (art. 55 à 136); et cependant le prévenu restera sous la main de la justice en état de mandat d'amener.

46. Les attributions faites ci-dessus au procureur impérial pour les cas de flagrant délit auront lieu aussi toutes les fois que s'agissant d'un crime ou délit, même non flagrant, commis dans l'intérieur d'une maison, le chef de cette maison requerra le procureur impérial de le constater.

47. Hors les cas énoncés dans les articles 32 et 46, le procureur impérial instruit soit par une dénonciation, soit par toute autre voie, qu'il a été commis dans son arrondissement un crime ou un délit, ou qu'une personne qui en est prévenue se trouve dans son arrondissement, sera tenu de requérir le juge d'instruction d'ordonner qu'il en soit informé, même de se transporter, s'il est besoin, sur les lieux, à l'effet d'y dresser tous les procès-verbaux nécessaires, ainsi qu'il sera dit au chapitre des *Juges d'instruction*.

CHAP. V. — DES OFFICIERS DE POLICE AUXILIAIRES DU PROCUREUR IMPÉRIAL.

48. Les juges de paix, les officiers de gendarmerie, les commissaires généraux de police, recevront les dénonciations de crimes ou délits commis dans les lieux où ils exercent leurs fonctions habituelles.

49. Dans le cas de flagrant délit, ou dans le cas de réquisition de la part d'un chef de maison, ils dresseront les procès-verbaux, recevront les déclarations des témoins, feront les visites et les autres actes qui sont, auxdits cas, de la compétence des procureurs impériaux, le tout dans les formes et suivant les règles établies au chapitre des *Procureurs impériaux*.

50. Les maires, adjoints de maire, et les commissaires de police, recevront également les dénonciations et feront les actes énoncés en l'article précédent, en se conformant aux mêmes règles.

51. Dans les cas de concurrence entre les procureurs impériaux et les officiers de police énoncés aux articles précédents, le procureur impérial fera les actes attribués à la police judiciaire : s'il a été prévenu, il pourra continuer la procédure, et autoriser l'officier qui l'aura commencée à la suivre.

52. Le procureur impérial, exerçant son ministère dans les cas des articles 32 et 46, pourra, s'il le juge utile et nécessaire, charger un officier de police auxiliaire de partie des actes de sa compétence.

53. Les officiers de police auxiliaire renverront sans délai les dénonciations, procès-verbaux et autres actes par eux faits dans les cas de leur compétence, au procureur impérial, qui sera tenu d'examiner sans retard les procédures, et de les transmettre, avec les réquisitions qu'il jugera convenables, au juge d'instruction.

54. Dans les cas de dénonciation de crimes ou délits autres que ceux qu'ils sont directement chargés de constater, les officiers de police judiciaire transmettront aussi sans délai au procureur impérial les dénonciations qui leur auront été faites, et le procureur impérial les remettra au juge d'instruction, avec son réquisitoire.

EXTRAITS DES CODES ANNOTÉS DE SIREY ET AUTRES AUTEURS.

ARRÊTS ET JURISPRUDENCE DE LA COUR DE CASSATION.	ARRÊTS ET JURISPRUDENCE DE LA COUR IMPÉRIALE DU RESSORT.

JUGEMENTS ET JURISPRUDENCE DU TRIBUNAL CIVIL DU RESSORT.

OBSERVATIONS DIVERSES.

CHAP. VI. — DES JUGES D'INSTRUCTION.

SECT. I. — *Du juge d'instruction.*

55. Il y aura, dans chaque arrondissement communal, un juge d'instruction. Il sera choisi par Sa Majesté parmi les juges du tribunal civil, pour trois ans : il pourra être continué plus longtemps; et il conservera séance au jugement des affaires civiles, suivant le rang de sa réception.

56. Il sera établi un second juge d'instruction dans les arrondissements où il pourrait être nécessaire; ce juge sera membre du tribunal civil. — Il y aura à Paris six juges d'instruction.

57. Les juges d'instruction seront, quant aux fonctions de police judiciaire, sous la surveillance du procureur général près la cour impériale.

58. Dans les villes où il n'y a qu'un juge d'instruction, s'il est absent, malade, ou autrement empêché, le tribunal de première instance désignera l'un des juges de ce tribunal pour le remplacer.

SECT. II. — *Fonctions du juge d'instruction.*

DISTINCTION I. — **Des cas de flagrant délit.**

59. Le juge d'instruction, dans tous les cas réputés flagrant délit, peut faire directement et par lui-même tous les actes attribués au procureur impérial, en se conformant aux règles établies au chapitre des *Procureurs impériaux et de leurs Substituts* (art. 22 à 47). Le juge d'instruction peut requérir la présence du procureur impérial, sans aucun retard néanmoins des opérations prescrites dans ledit chapitre.

60. Lorsque le flagrant délit aura déjà été constaté, et que le procureur impérial transmettra les actes et les pièces au juge d'instruction, celui-ci sera tenu de faire sans délai l'examen de la procédure. — Il peut refaire les actes ou ceux des actes qui ne lui paraîtraient pas complets.

DISTINCTION II. — **De l'Instruction.**

§ 1. — Dispositions générales.

61. Hors les cas de flagrant délit, le juge d'instruction ne fera aucun acte d'instruction et de poursuite qu'il n'ait donné communication de la procédure au procureur impérial. Il la lui communiquera pareillement lorsqu'elle sera terminée; et le procureur impérial fera les réquisitions qu'il jugera convenables, sans pouvoir retenir la procédure plus de trois jours. — Néanmoins le juge d'instruction délivrera, s'il y a lieu, le mandat d'amener, et même le mandat de dépôt, sans que ces mandats doivent être précédés des conclusions du procureur impérial.

62. Lorsque le juge d'instruction se transportera sur les lieux, il sera toujours accompagné du procureur impérial et du greffier du tribunal.

§ 2. — Des plaintes.

63. Toute personne qui se prétendra lésée par un crime ou délit pourra en rendre plainte et se constituer partie civile devant le juge d'instruction, soit du lieu du crime ou délit, soit du lieu de la résidence du prévenu, soit du lieu où il pourra être trouvé.

64. Les plaintes qui auraient été adressées au procureur impérial seront par lui transmises au juge d'instruction avec son réquisitoire; celles qui auraient été présentées aux officiers auxiliaires de police seront par eux envoyées au procureur impérial, et transmises par lui au juge d'instruction, aussi avec son réquisitoire. — Dans les matières du ressort de la police correctionnelle, la partie lésée pourra s'adresser directement au tribunal correctionnel dans la forme qui sera ci-après réglée.

65. Les dispositions de l'article 31 concernant les dénonciations seront communes aux plaintes.

66. Les plaignants ne seront réputés partie civile s'ils ne le déclarent formellement, soit par la plainte, soit par acte subséquent, ou s'ils ne prennent, par l'un ou par l'autre, des conclusions en dommages-intérêts : ils pourront se départir dans les vingt-quatre heures; dans le cas du désistement, ils ne sont pas tenus des frais depuis qu'il aura été signifié, sans préjudice néanmoins des dommages-intérêts des prévenus, s'il y a lieu.

67. Les plaignants pourront se porter partie civile en tout état de cause jusqu'à la clôture des débats; mais, en aucun cas, leur désistement après le jugement ne peut être valable, quoiqu'il ait été donné dans les vingt-quatre heures de leur déclaration qu'ils se portent partie civile.

68. Toute partie civile, qui ne demeurera pas dans l'arrondissement communal où se fait l'instruction, sera tenue d'y élire domicile par acte passé au greffe du tribunal. — A défaut d'élection de domicile par la partie civile, elle ne pourra opposer le défaut de signification contre les actes qui auraient dû lui être signifiés aux termes de la loi.

69. Dans le cas où le juge d'instruction ne serait ni celui du lieu du crime ou délit, ni celui de la résidence du prévenu, ni celui du lieu où il pourra être trouvé, il renverra la plainte devant le juge d'instruction qui pourrait en connaître.

70. Le juge d'instruction compétent pour connaître de la plainte en ordonnera la communication au procureur impérial, pour être par lui requis ce qu'il appartiendra.

§ 3. — De l'audition des témoins.

71. Le juge d'instruction fera citer devant lui les personnes qui auront été indiquées par la dénonciation, par la plainte, par le procureur impérial ou autrement, comme ayant connaissance, soit du crime ou délit, soit de ses circonstances.

72. Les témoins seront cités par un huissier, ou par un agent de la force publique, à la requête du procureur impérial.

73. Ils seront entendus séparément, et hors de la présence du prévenu, par le juge d'instruction, assisté de son greffier.

74. Ils représenteront, avant d'être entendus, la citation qui leur aura été donnée pour déposer; et il en sera fait mention dans le procès-verbal.

75. Les témoins prêteront serment de dire toute la vérité, rien que la vérité; le juge d'instruction leur demandera leurs noms, prénoms, âge, état, profession, demeure, s'ils sont domestiques, parents ou alliés des parties, et à quel degré; il sera fait mention de la demande et des réponses des témoins.

EXTRAITS DES CODES ANNOTÉS DE SIREY ET AUTRES AUTEURS.

ARRÊTS ET JURISPRUDENCE DE LA COUR DE CASSATION.	ARRÊTS ET JURISPRUDENCE DE LA COUR IMPÉRIALE DU RESSORT.

JUGEMENTS ET JURISPRUDENCE DU TRIBUNAL CIVIL DU RESSORT.

OBSERVATIONS DIVERSES.

76. Les dépositions seront signées du juge, du greffier et du témoin, après que lecture lui en aura été faite et qu'il aura déclaré y persister; si le témoin ne veut ou ne peut signer, il en sera fait mention. — Chaque page du cahier d'information sera signée par le juge et par le greffier.

77. Les formalités prescrites par les trois articles précédents seront remplies, à peine de cinquante francs d'amende contre le greffier, même, s'il y a lieu, de prise à partie contre le juge d'instruction.

78. Aucune interligne ne pourra être faite : les ratures et les renvois seront approuvés et signés par le juge d'instruction, par le greffier et par le témoin, sous les peines portées en l'article précédent. Les interlignes, ratures et renvois non approuvés, seront réputés non avenus.

79. Les enfants de l'un et de l'autre sexe, au-dessous de l'âge de quinze ans, pourront être entendus, par forme de déclaration et sans prestation de serment.

80. Toute personne citée pour être entendue en témoignage sera tenue de comparaître et de satisfaire à la citation : sinon, elle pourra y être contrainte par le juge d'instruction, qui, à cet effet, sur les conclusions du procureur impérial, sans autre formalité ni délai, et sans appel, prononcera une amende qui n'excédera pas cent francs, et pourra ordonner que la personne citée sera contrainte par corps à venir donner son témoignage.

81. Le témoin ainsi condamné à l'amende sur le premier défaut, et qui, sur la seconde citation, produira devant le juge d'instruction des excuses légitimes, pourra, sur les conclusions du procureur impérial, être déchargé de l'amende.

82. Chaque témoin qui demandera une indemnité sera taxé par le juge d'instruction.

83. Lorsqu'il sera constaté, par le certificat d'un officier de santé, que des témoins se trouvent dans l'impossibilité de comparaître sur la citation qui leur aura été donnée, le juge d'instruction se transportera en leur demeure quand ils habiteront dans le canton de la justice de paix du domicile du juge d'instruction. — Si les témoins habitent hors du canton, le juge d'instruction pourra commettre le juge de paix de leur habitation à l'effet de recevoir leur déposition, et il enverra au juge de paix des notes et instructions qui feront connaître les faits sur lesquels les témoins devront déposer.

84. Si les témoins résident hors de l'arrondissement du juge d'instruction, celui-ci requerra le juge d'instruction de l'arrondissement dans lequel les témoins sont résidents de se transporter auprès d'eux pour recevoir leurs dépositions. — Dans le cas où les témoins n'habiteraient pas le canton du juge d'instruction ainsi requis, il pourra commettre le juge de paix de leur habitation, à l'effet de recevoir leurs dépositions, ainsi qu'il est dit dans l'article précédent.

85. Le juge qui aura reçu les dépositions en conséquence des articles 83 et 84 ci-dessus les enverra closes et cachetées au juge d'instruction du tribunal saisi de l'affaire.

86. Si le témoin auprès duquel le juge se sera transporté dans les cas prévus par les trois articles précédents n'était pas dans l'impossibilité de comparaître sur la citation qui lui avait été donnée, le juge décernera un mandat de dépôt contre le témoin et l'officier de santé qui aura délivré le certificat ci-dessus mentionné. — La peine portée en pareil cas sera prononcée par le juge d'instruction du même lieu, et sur la réquisition du procureur impérial, en la forme prescrite par l'article 80.

§ 4. — **Des preuves par écrit et des pièces de conviction.**

87. Le juge d'instruction se transportera, s'il en est requis, et pourra même se transporter d'office dans le domicile du prévenu, pour y faire la perquisition des papiers, effets, et généralement de tous les objets qui seront jugés utiles à la manifestation de la vérité.

88. Le juge d'instruction pourra pareillement se transporter dans les autres lieux où il présumerait qu'on aurait caché les objets dont il est parlé dans l'article précédent.

89. Les dispositions des articles 35, 36, 37, 38 et 39, concernant la saisie des objets dont la perquisition peut être faite par le procureur impérial, dans les cas de flagrant délit, sont communes au juge d'instruction.

90. Si les papiers ou les effets dont il y aura lieu de faire la perquisition sont hors de l'arrondissement du juge d'instruction, il requerra le juge d'instruction du lieu où l'on peut les trouver de procéder aux opérations prescrites par les articles précédents.

CHAP. VII. — DES MANDATS DE COMPARUTION, DE DÉPÔT, D'AMENER ET D'ARRÊT.

91. Lorsque l'inculpé sera domicilié, et que le fait sera de nature à ne donner lieu qu'à une peine correctionnelle le juge d'instruction pourra, s'il le juge convenable, ne décerner contre l'inculpé qu'un mandat de comparution, sauf, après l'avoir interrogé, à convertir le mandat en tel autre mandat qu'il appartiendra. — Si l'inculpé fait défaut, le juge d'instruction décernera contre lui un mandat d'amener. — Il décernera pareillement mandat d'amener contre toute personne de quelque qualité qu'elle soit, inculpée d'un délit emportant peine afflictive ou infamante.

92. Il peut aussi donner des mandats d'amener contre les témoins qui refusent de comparaître sur la citation à eux donnée, conformément à l'article 80, et sans préjudice de l'amende portée en cet article.

93. Dans le cas de mandat de comparution, il interrogera de suite; dans le cas de mandat d'amener, dans les vingt-quatre heures au plus tard.

94. Il pourra, après avoir entendu les prévenus, et le procureur impérial oui, décerner, lorsque le fait emportera peine afflictive ou infamante ou emprisonnement correctionnel, un mandat d'arrêt dans la forme qui sera ci-après présentée.

95. Les mandats de comparution, d'amener et de dépôt, seront signés par celui qui les aura décernés, et munis de son sceau. — Le prévenu y sera nommé ou désigné le plus clairement qu'il sera possible.

96. Les mêmes formalités seront observées dans le mandat d'arrêt; ce mandat contiendra de plus l'énonciation du fait pour lequel il est décerné, et la citation de la loi qui déclare que ce fait est un crime ou délit.

97. Les mandats de comparution, d'amener, de dépôt ou d'arrêt, seront notifiés par un

<table>
<tr><td>ARRÊTS ET JURISPRUDENCE DE LA COUR
DE CASSATION.</td><td>ARRÊTS ET JURISPRUDENCE DE LA COUR IMPÉRIALE
DU RESSORT.</td></tr>
</table>

JUGEMENTS ET JURISPRUDENCE DU TRIBUNAL CIVIL DU RESSORT.

OBSERVATIONS DIVERSES.

huissier ou par un agent de la force publique, lequel en fera l'exhibition au prévenu, et lui en délivrera copie. — Le mandat d'arrêt sera exhibé au prévenu, lors même qu'il serait déjà détenu, et il lui en sera délivré copie.

98. Les mandats d'amener, de comparution, de dépôt et d'arrêt, seront exécutoires dans toute l'étendue de l'Empire. — Si le prévenu est trouvé hors de l'arrondissement de l'officier qui aura délivré le mandat de dépôt ou d'arrêt, il sera conduit devant le juge de paix ou son suppléant, et, à leur défaut, devant le maire ou l'adjoint du maire, ou le commissaire de police du lieu, lequel visera le mandat , sans pouvoir en empêcher l'exécution.

99. Le prévenu qui refusera d'obéir au mandat d'amener, ou qui , après avoir déclaré qu'il est prêt à obéir, tentera de s'évader, devra être contraint. — Le porteur du mandat d'amener emploiera, au besoin, la force publique du lieu le plus voisin : elle sera tenue de marcher, sur la réquisition contenue dans le mandat d'amener.

100. Néanmoins, lorsqu'après plus de deux jours depuis la date du mandat d'amener, le prévenu aura été trouvé hors de l'arrondissement de l'officier qui a délivré ce mandat, et à une distance de plus de cinq myriamètres du domicile de cet officier, ce prévenu pourra n'être pas contraint de se rendre au mandat ; mais alors le procureur impérial de l'arrondissement où il aura été trouvé et devant lequel il sera conduit, décernera un mandat de dépôt en vertu duquel il sera retenu dans la maison d'arrêt. Le mandat d'amener devra être pleinement exécuté, si le prévenu a été trouvé muni d'effets, de papiers ou d'instruments qui feront présumer qu'il est auteur ou complice du crime ou délit pour raison duquel il est recherché, quels que soient le délai et la distance dans lesquels il aura été trouvé.

101. Dans les vingt-quatre heures de l'exécution du mandat de dépôt, le procureur impérial qui l'aura délivré en donnera avis, et transmettra les procès-verbaux, s'il en a été dressé, à l'officier qui a décerné le mandat d'amener.

102. L'officier qui a délivré le mandat d'amener, et auquel les pièces sont ainsi transmises, communiquera le tout dans un pareil délai au juge d'instruction près duquel il exerce ; ce juge se conformera aux dispositions de l'article 90.

103. Le juge d'instruction saisi de l'affaire directement ou par renvoi en exécution de l'article 90 transmettra sous cachet, au juge d'instruction du lieu où le prévenu a été trouvé, les pièces, notes et renseignements relatifs au délit, afin de faire subir interrogatoire à ce prévenu. — Toutes les pièces seront ensuite également renvoyées, avec l'interrogatoire, au juge saisi de l'affaire.

104. Si , dans le cours de l'instruction, le juge saisi de l'affaire décerne un mandat d'arrêt, il pourra ordonner, par ce mandat, que le prévenu sera transféré dans la maison d'arrêt du lieu où se fait l'instruction. — S'il n'est pas exprimé dans le mandat d'arrêt que le prévenu sera ainsi transféré, il restera en la maison d'arrêt de l'arrondissement dans lequel il aura été trouvé, jusqu'à ce qu'il ait été statué par la chambre du conseil, conformément aux articles 127, 128, 129, 130, 131, 132 et 133 ci-après.

105. Si le prévenu contre lequel il a été décerné un mandat d'amener ne peut être trouvé, ce mandat sera exhibé au maire ou à l'adjoint, ou au commissaire de police de la commune de la résidence du prévenu. — Le maire, l'adjoint ou le commissaire de police, mettra son visa sur l'original de l'acte de notification.

106. Tout dépositaire de la force publique, et même toute personne, sera tenu de saisir le prévenu surpris en flagrant délit, ou poursuivi, soit par la clameur publique, soit dans les cas assimilés au flagrant délit, et de le conduire devant le procureur impérial, sans qu'il soit besoin de mandat d'amener, si le crime ou le délit emporte peine afflictive ou infamante.

107. Sur l'exhibition du mandat de dépôt, le prévenu sera reçu et gardé dans la maison d'arrêt établie près le tribunal correctionnel ; et le gardien remettra à l'huissier ou à l'agent de la force publique chargé de l'exécution du mandat une reconnaissance de la remise du prévenu.

108. L'officier chargé de l'exécution d'un mandat de dépôt ou d'arrêt se fera accompagner d'une force suffisante pour que le prévenu ne puisse se soustraire à la loi. — Cette force sera prise dans le lieu le plus à portée de celui où le mandat d'arrêt ou de dépôt devra s'exécuter ; et elle est tenue de marcher sur la réquisition directement faite au commandant et contenue dans le mandat.

109. Si le prévenu ne peut être saisi, le mandat d'arrêt sera notifié à sa dernière habitation, et il sera dressé procès-verbal de perquisition. — Ce procès-verbal sera dressé en présence des deux plus proches voisins du prévenu que le porteur du mandat d'arrêt pourra trouver : ils le signeront ; ou s'ils ne savent ou ne veulent pas signer, il en sera fait mention , ainsi que de l'interpellation qui en aura été faite. — Le porteur du mandat d'arrêt fera ensuite viser son procès-verbal par le juge de paix ou son suppléant, ou, à son défaut, par le maire, l'adjoint, ou le commissaire de police du lieu, et lui en laissera copie. — Le mandat d'arrêt et le procès-verbal seront ensuite remis au greffe du tribunal.

110. Le prévenu saisi en vertu d'un mandat d'arrêt ou de dépôt sera conduit sans délai dans la maison d'arrêt indiquée par le mandat.

111. L'officier chargé de l'exécution du mandat d'arrêt ou de dépôt remettra le prévenu au gardien de la maison d'arrêt, qui lui en donnera décharge ; le tout dans la forme prescrite par l'article 107. — Il portera ensuite au greffe du tribunal correctionnel les pièces relatives à l'arrestation, et en prendra une reconnaissance. — Il exhibera ces décharge et reconnaissance, dans les vingt-quatre heures, au juge d'instruction : celui-ci mettra sur l'une et sur l'autre son vu, qu'il datera et signera.

112. L'inobservation des formalités prescrites pour les mandats de comparution , de dépôt, d'amener et d'arrêt, sera toujours punie d'une amende de cinquante francs au moins contre le greffier, et, s'il y a lieu, d'injonctions au juge d'instruction et au procureur impérial, même de prise à partie, s'il y échet.

CHAP. VIII. — DE LA LIBERTÉ PROVISOIRE ET DU CAUTIONNEMENT.

113. La liberté provisoire ne pourra jamais être accordée au prévenu, lorsque le titre de l'accusation emportera une peine afflictive ou infamante.

EXTRAITS DES CODES ANNOTÉS DE SIREY ET AUTRES AUTEURS.

ARRÊTS ET JURISPRUDENCE DE LA COUR DE CASSATION.	ARRÊTS ET JURISPRUDENCE DE LA COUR IMPÉRIALE DU RESSORT.

JUGEMENTS ET JURISPRUDENCE DU TRIBUNAL CIVIL DU RESSORT.

OBSERVATIONS DIVERSES.

114. Si le fait n'emporte pas une peine afflictive ou infamante, mais seulement une peine correctionnelle, la chambre du conseil pourra, sur la demande du prévenu, et sur les conclusions du procureur impérial, ordonner que le prévenu sera mis provisoirement en liberté, moyennant caution solvable de se représenter à tous les actes de la procédure, et pour l'exécution du jugement aussitôt qu'il en sera requis. — La mise en liberté provisoire avec caution pourra être demandée et accordée en tout état de cause.

115. Néanmoins les vagabonds et les repris de justice ne pourront, en aucun cas, être mis en liberté provisoire.

116. La demande en liberté provisoire sera notifiée à la partie civile, à son domicile ou à celui qu'elle aura élu.

117. La solvabilité de la caution offerte sera discutée par le procureur impérial, et par la partie civile, dûment appelée. — Elle devra être justifiée par des immeubles libres, pour le montant du cautionnement et une moitié en sus, si mieux n'aime la caution déposer dans la caisse de l'enregistrement et des domaines le montant du cautionnement en espèces.

118. Le prévenu sera admis à être sa propre caution, soit en déposant le montant du cautionnement, soit en justifiant d'immeubles libres pour le montant du cautionnement et une moitié en sus, et en faisant, dans l'un ou l'autre cas, la soumission dont il sera parlé ci-après.

119. Le cautionnement ne pourra être au-dessous de cinq cents francs. — Si la peine correctionnelle était à la fois l'emprisonnement et une amende dont le double excéderait cinq cents francs, le cautionnement ne pourrait pas être exigé d'une somme plus forte que le double de cette amende. — S'il avait résulté du délit un dommage civil appréciable en argent, le cautionnement sera triple de la valeur du dommage, ainsi qu'il sera arbitré, pour cet effet seulement, par le juge d'instruction, sans néanmoins que dans ce cas le cautionnement puisse être au-dessous de cinq cents francs.

120. La caution admise fera sa soumission, soit au greffe du tribunal, soit devant notaires, de payer entre les mains du receveur de l'enregistrement le montant du cautionnement, en cas que le prévenu soit constitué en défaut de se représenter. — Cette soumission entraînera la contrainte par corps contre la caution : une expédition en forme exécutoire en sera remise à la partie civile, avant que le prévenu ne soit mis en liberté provisoire.

121. Les espèces déposées et les immeubles servant de cautionnement seront affectés par privilége : — 1° Au payement des réparations civiles et des frais avancés par la partie civile ; — — 2° Aux amendes ; le tout néanmoins sans préjudice du privilége du trésor impérial, à raison de la partie publique. — Le procureur impérial et la partie civile pourront prendre inscription hypothécaire, sans attendre le jugement définitif. L'inscription prise à la requête de l'un ou de l'autre profitera à tous les deux.

122. Le juge d'instruction rendra, le cas arrivant, sur les conclusions du procureur impérial ou sur la demande de la partie civile, une ordonnance pour le payement de la somme cautionnée. — Ce payement sera poursuivi à la requête du procureur impérial, et à la diligence du directeur de l'enregistrement. Les sommes recouvrées seront versées dans la caisse de l'enregistrement, sans préjudice des poursuites et des droits de la partie civile.

123. Le juge d'instruction délivrera, dans la même forme et sur les mêmes réquisitions, une ordonnance de contrainte contre la caution ou les cautions d'un individu mis sous la surveillance spéciale du Gouvernement, lorsque celui-ci aura été condamné, par un jugement devenu irrévocable, pour un crime ou pour un délit commis dans l'intervalle déterminé par l'acte de cautionnement.

124. Le prévenu ne sera mis en liberté provisoire sous caution qu'après avoir élu domicile dans le lieu où siége le tribunal correctionnel, par un acte reçu au greffe de ce tribunal.

125. Outre les poursuites contre la caution, s'il y a lieu, le prévenu sera saisi et écroué dans la maison d'arrêt, en exécution d'une ordonnance du juge d'instruction.

126. Le prévenu qui aurait laissé contraindre sa caution au payement ne sera plus, à l'avenir, recevable en aucun cas à demander de nouveau sa liberté provisoire moyennant caution.

CHAP. IX. — DU RAPPORT DES JUGES D'INSTRUCTION QUAND LA PROCÉDURE EST COMPLÈTE.

127. Le juge d'instruction sera tenu de rendre compte, au moins une fois par semaine, des affaires dont l'instruction lui est dévolue. — Le compte sera rendu à la chambre du conseil, composée de trois juges au moins, y compris le juge d'instruction ; communication préalablement donnée au procureur impérial, pour être par lui requis ce qu'il appartiendra.

128. Si les juges sont d'avis que le fait ne présente ni crime, ni délit, ni contravention, ou qu'il n'existe aucune charge contre l'inculpé, il sera déclaré qu'il n'y a pas lieu à poursuivre ; et si l'inculpé avait été arrêté, il sera mis en liberté.

129. S'ils sont d'avis que le fait n'est qu'une simple contravention de police, l'inculpé sera renvoyé au tribunal de police, et il sera mis en liberté s'il est arrêté. — Les dispositions du présent article et de l'article précédent ne pourront préjudicier aux droits de la partie civile ou de la partie publique, ainsi qu'il sera expliqué ci-après.

130. Si le délit est reconnu de nature à être puni par des peines correctionnelles, le prévenu sera renvoyé au tribunal de police correctionnelle. — Si, dans ce cas, le délit peut entraîner la peine d'emprisonnement, le prévenu, s'il est en arrestation, y demeurera provisoirement.

131. Si le délit ne doit pas entraîner la peine de l'emprisonnement, le prévenu sera mis en liberté, à la charge de se représenter, à jour fixe, devant le tribunal compétent.

132. Dans tous les cas de renvoi, soit à la police municipale, soit à la police correctionnelle, le procureur impérial est tenu d'envoyer, dans les vingt-quatre heures au plus tard, au greffe du tribunal qui doit prononcer, toutes les pièces, après les avoir cotées.

133. Si, sur le rapport fait à la chambre du conseil, par le juge d'instruction, les juges ou l'un d'eux estiment que le fait est de nature à être puni de peines afflictives ou infamantes, et que la prévention contre l'inculpé est suffisamment établie, les pièces d'instruction, le procès-verbal constatant le corps du délit, et un état des pièces servant à conviction, seront transmis

EXTRAITS DES CODES ANNOTÉS DE SIREY ET AUTRES AUTEURS.

ARRÊTS ET JURISPRUDENCE DE LA COUR DE CASSATION.	ARRÊTS ET JURISPRUDENCE DE LA COUR IMPÉRIALE DU RESSORT.

JUGEMENTS ET JURISPRUDENCE DU TRIBUNAL CIVIL DU RESSORT.

OBSERVATIONS DIVERSES.

sans délai par le procureur impérial au procureur général près la cour impériale, pour être procédé ainsi qu'il sera dit au chapitre des *Mises en accusation* (art. 217 à 250). — Les pièces de conviction resteront au tribunal d'instruction, sauf ce qui sera dit aux articles 248 et 291.

134. La chambre du conseil décernera dans ce cas, contre le prévenu, une ordonnance de prise de corps, qui sera adressée avec les autres pièces au procureur général.—Cette ordonnance contiendra le nom du prévenu, son signalement, son domicile, s'ils sont connus, l'exposé du fait et la nature du délit.

135. Lorsque la mise en liberté des prévenus sera ordonnée conformément aux articles 128, 129 et 131 ci-dessus, le procureur impérial, ou la partie civile, pourra s'opposer à leur élargissement. L'opposition devra être formée dans un délai de vingt-quatre heures, qui courra, contre le procureur impérial, à compter du jour de l'ordonnance de mise en liberté, et contre la partie civile, à compter du jour de la signification à elle faite de ladite ordonnance au domicile par elle élu dans le lieu où siége le tribunal. L'envoi des pièces sera fait ainsi qu'il est dit à l'article 132. — Le prévenu gardera prison jusqu'après l'expiration du susdit délai.

136. La partie civile qui succombera dans son opposition sera condamnée aux dommages-intérêts envers le prévenu.

EXTRAITS DES CODES ANNOTÉS DE SIREY ET AUTRES AUTEURS.

ARRÊTS ET JURISPRUDENCE DE LA COUR DE CASSATION.	ARRÊTS ET JURISPRUDENCE DE LA COUR IMPÉRIALE DU RESSORT.

JUGEMENTS ET JURISPRUDENCE DU TRIBUNAL CIVIL DU RESSORT.

OBSERVATIONS DIVERSES.

LIVRE DEUXIÈME.

De la justice.

(Loi décrétée le 19 novembre 1808. Promulguée le 29.)

TITRE PREMIER.

DES TRIBUNAUX DE POLICE.

CHAP. I. — DES TRIBUNAUX DE SIMPLE POLICE.

137. Sont considérés comme contraventions de police simple, les faits qui, d'après les dispositions du quatrième livre du Code pénal, peuvent donner lieu, soit à quinze francs d'amende ou au-dessous, soit à cinq jours d'emprisonnement ou au-dessous, qu'il y ait ou non confiscation des choses saisies, et quelle qu'en soit la valeur.

138. La connaissance des contraventions de police est attribuée au juge de paix et au maire, suivant les règles et les distinctions qui seront ci-après établies.

§ 1. — Du tribunal du juge de paix comme juge de police.

139. Les juges de paix connaîtront exclusivement : — 1° Des contraventions commises dans l'étendue de la commune chef-lieu du canton; — 2° Des contraventions dans les autres communes de leur arrondissement, lorsque, hors le cas où les coupables auront été pris en flagrant délit, les contraventions auront été commises par des personnes non domiciliées ou non présentes dans la commune, ou lorsque les témoins qui doivent déposer n'y sont pas résidents ou présents; — 3° Des contraventions à raison desquelles la partie qui réclame conclut, pour ses dommages-intérêts, à une somme indéterminée ou à une somme excédant quinze francs; — 4° Des contraventions forestières poursuivies à la requête des particuliers; — 5° Des injures verbales; —

6° Des affiches, annonces, ventes, distributions ou débits d'ouvrages, écrits ou gravures, contraires aux mœurs; — 7° De l'action contre les gens qui font le métier de deviner et pronostiquer, ou d'expliquer les songes.

140. Les juges de paix connaîtront aussi, mais concurremment avec les maires, de toutes autres contraventions commises dans leur arrondissement.

141. Dans les communes dans lesquelles il n'y a qu'un juge de paix, il connaîtra seul des affaires attribuées à son tribunal; les greffiers et les huissiers de la justice de paix feront le service pour les affaires de police.

142. Dans les communes divisées en deux justices de paix ou plus, le service au tribunal de police sera fait successivement par chaque juge de paix, en commençant par le plus ancien; il y aura, dans ce cas, un greffier particulier pour le tribunal de police.

143. Il pourra aussi, dans le cas de l'article précédent, y avoir deux sections pour la police; chaque section sera tenue par un juge de paix; et le greffier aura un commis assermenté pour le suppléer.

144. Les fonctions du ministère public, pour les faits de police, seront remplies par le commissaire du lieu où siégera le tribunal; en cas d'empêchement du commissaire de police, ou s'il n'y en a point, elles seront remplies par le maire, qui pourra se faire remplacer par son adjoint. — S'il y a plusieurs commissaires de police, le procureur général près la cour impériale nommera celui ou ceux d'entre eux qui feront le service.

145. Les citations pour contravention de police seront faites à la requête du ministère public, ou de la partie qui réclame. — Elles seront notifiées par un huissier; il en sera laissé copie au prévenu, ou à la personne civilement responsable.

146. La citation ne pourra être donnée à un délai moindre que vingt-quatre heures, outre un jour par trois myriamètres, à peine de nullité tant de la citation que du jugement qui serait rendu par défaut. Néanmoins cette nullité ne pourra être proposée qu'à la première audience, avant toute exception et défense. — Dans les cas urgents, les délais pourront être abrégés et les parties citées à comparaître même dans le jour, et à heure indiquée, en vertu d'une cédule délivrée par le juge de paix.

147. Les parties pourront comparaître volontairement et sur un simple avertissement, sans qu'il soit besoin de citation.

148. Avant le jour de l'audience, le juge de paix pourra, sur la réquisition du ministère public ou de la partie civile, estimer ou faire estimer les dommages, dresser ou faire dresser des procès-verbaux, faire ou ordonner tous actes requérant célérité.

149. Si la personne citée ne comparaît pas au jour et à l'heure fixés par la citation, elle sera jugée par défaut.

150. La personne condamnée par défaut ne sera plus recevable à s'opposer à l'exécution du jugement, si elle ne se présente à l'audience indiquée par l'article suivant; sauf ce qui sera ci-après réglé sur l'appel et le recours en cassation.

151. L'opposition au jugement par défaut pourra être faite par déclaration en réponse au bas de l'acte de signification, ou par acte notifié dans les trois jours de la signification, outre un jour par trois myriamètres. — L'opposition emportera de droit citation à la première audience

ARRÊTS ET JURISPRUDENCE DE LA COUR DE CASSATION.	ARRÊTS ET JURISPRUDENCE DE LA COUR IMPÉRIALE DU RESSORT.

JUGEMENTS ET JURISPRUDENCE DU TRIBUNAL CIVIL DU RESSORT.

OBSERVATIONS DIVERSES.

après l'expiration des délais, et sera réputée non avenue si l'opposant ne comparaît pas.

152. La personne citée comparaîtra par elle-même, ou par un fondé de procuration spéciale.

153. L'instruction de chaque affaire sera publique, à peine de nullité. — Elle se fera dans l'ordre suivant : — Les procès-verbaux, s'il y en a, seront lus par le greffier; — Les témoins, s'il en a été appelé par le ministère public ou la partie civile, seront entendus s'il y a lieu; la partie civile prendra ses conclusions; — La personne citée proposera sa défense, et fera entendre ses témoins, si elle en a amené ou fait citer, et si, aux termes de l'article suivant, elle est recevable à les produire; — Le ministère public résumera l'affaire et donnera ses conclusions : la partie citée pourra proposer ses observations; — Le tribunal de police prononcera le jugement dans l'audience où l'instruction aura été terminée, et, au plus tard, dans l'audience suivante.

154. Les contraventions seront prouvées, soit par procès-verbaux ou rapports, soit par témoins à défaut de rapports et procès-verbaux, ou à leur appui. — Nul ne sera admis, à peine de nullité, à faire preuve par témoins outre ou contre le contenu aux procès-verbaux ou rapports des officiers de police ayant reçu de la loi le pouvoir de constater les délits ou les contraventions jusqu'à inscription de faux. Quant aux procès-verbaux et rapports faits par des agents, préposés ou officiers auxquels la loi n'a pas accordé le droit d'en être crus jusqu'à inscription de faux, ils pourront être débattus par des preuves contraires, soit écrites, soit testimoniales, si le tribunal juge à propos de les admettre.

155. Les témoins feront à l'audience, sous peine de nullité, le serment de dire toute la vérité, rien que la vérité; et le greffier en tiendra note, ainsi que de leurs noms, prénoms, âge, profession et demeure, et de leurs principales déclarations.

156. Les ascendants ou descendants de la personne prévenue, ses frères et sœurs ou alliés en pareil degré, la femme ou son mari, même après le divorce prononcé, ne seront ni appelés ni reçus en témoignage, sans néanmoins que l'audition des personnes ci-dessus désignées puisse opérer une nullité, lorsque, soit le ministère public, soit la partie civile, soit le pré-

venu, ne se sont pas opposés à ce qu'elles soient entendues.

157. Les témoins qui ne satisferont pas à la citation pourront y être contraints par le tribunal, qui, à cet effet, et sur la réquisition du ministère public, prononcera dans la même audience, sur le premier défaut, l'amende, et, en cas d'un second défaut, la contrainte par corps.

158. Le témoin ainsi condamné à l'amende sur le premier défaut, et qui, sur la seconde citation, produira devant le tribunal des excuses légitimes, pourra, sur les conclusions du ministère public, être déchargé de l'amende. — Si le témoin n'est pas cité de nouveau, il pourra volontairement comparaître, par lui ou par un fondé de procuration spéciale, à l'audience suivante, pour présenter ses excuses, et obtenir, s'il y a lieu, décharge de l'amende.

159. Si le fait ne présente ni délit ni contravention de police, le tribunal annulera la citation et tout ce qui aura suivi, et statuera par le même jugement sur les demandes en dommages-intérêts.

160. Si le fait est un délit qui emporte une peine correctionnelle ou plus grave, le tribunal renverra les parties devant le procureur impérial.

161. Si le prévenu est convaincu de contravention de police, le tribunal prononcera la peine, et statuera par le même jugement sur les demandes en restitution et en dommages-intérêts.

162. La partie qui succombera sera condamnée aux frais, même envers la partie publique. — Les dépens seront liquidés par le jugement.

163. Tout jugement définitif de condamnation sera motivé, et les termes de la loi appliquée y seront insérés à peine de nullité. — Il y sera fait mention s'il est rendu en dernier ressort ou en première instance.

164. La minute du jugement sera signée par le juge qui aura tenu l'audience, dans les vingt-quatre heures au plus tard, à peine de vingt-cinq francs d'amende contre le greffier, et de prise à partie, s'il y a lieu, tant contre le greffier que contre le président.

165. Le ministère public et la partie civile poursuivront l'exécution du jugement, chacun en ce qui le concerne.

§ 2. — De la juridiction des maires comme juges de police.

166. Les maires des communes non chefs-lieux de canton connaîtront, concurremment avec les juges de paix, des contraventions commises dans l'étendue de leur commune par les personnes prises en flagrant délit, ou par des personnes qui résident dans la commune ou qui y sont présentes, lorsque les témoins y seront aussi résidents ou présents, et lorsque la partie réclamante conclura pour ses dommages-intérêts à une somme déterminée qui n'excédera pas celle de quinze francs. — Ils ne pourront jamais connaître des contraventions attribuées exclusivement aux juges de paix par l'article 139, ni d'aucune des matières dont la connaissance est attribuée aux juges de paix considérés comme juges civils.

167. Le ministère public sera exercé auprès du maire, dans les matières de police, par l'adjoint : en l'absence de l'adjoint, ou lorsque l'adjoint remplacera le maire comme juge de police, le ministère public sera exercé par un membre du conseil municipal, qui sera désigné à cet effet par le procureur impérial pour une année entière.

168. Les fonctions de greffier des maires dans les affaires de police seront exercées par un citoyen que le maire proposera, et qui prêtera serment en cette qualité au tribunal de police correctionnelle. Il recevra pour ses expéditions les émoluments attribués au greffier du juge de paix.

169. Le ministère des huissiers ne sera pas nécessaire pour les citations aux parties: elles pourront être faites par un avertissement du maire, qui annoncera au défendeur le fait dont il est inculpé, le jour et l'heure où il doit se présenter.

170. Il en sera de même des citations aux témoins; elles pourront être faites par un avertissement qui indiquera le moment où leur déposition sera reçue.

171. Le maire donnera son audience dans la maison commune; il entendra publiquement les parties et les témoins. — Seront, au surplus, observées les dispositions des articles 149, 150, 151, 153, 154, 155, 156, 157, 158, 159 et 160, concernant l'instruction et les jugements au tribunal du juge de paix.

EXTRAITS DES CODES ANNOTÉS DE SIREY ET AUTRES AUTEURS.

ARRÊTS ET JURISPRUDENCE DE LA COUR DE CASSATION.	ARRÊTS ET JURISPRUDENCE DE LA COUR IMPÉRIALE DU RESSORT.

JUGEMENTS ET JURISPRUDENCE DU TRIBUNAL CIVIL DU RESSORT.

OBSERVATIONS DIVERSES.

§ 3. — De l'appel des jugements de police.

172. Les jugements rendus en matière de police pourront être attaqués par la voie de l'appel, lorsqu'ils prononceront un emprisonnement, ou lorsque les amendes, restitutions et autres réparations civiles excéderont la somme de cinq francs, outre les dépens.

173. L'appel sera suspensif.

174. L'appel des jugements rendus par le tribunal de police sera porté au tribunal correctionnel : cet appel sera interjeté dans les dix jours de la signification de la sentence à personne ou domicile ; il sera suivi et jugé dans la même forme que les appels des sentences des justices de paix.

175. Lorsque, sur l'appel, le procureur impérial ou l'une des parties le requerra, les témoins pourront être entendus de nouveau, et il pourra même en être entendu d'autres.

176. Les dispositions des articles précédents sur la solennité de l'instruction, la nature des preuves, la forme, l'authenticité et la signature du jugement définitif, la condamnation aux frais, ainsi que les peines que ces articles prononcent, seront communes aux jugements rendus, sur l'appel, par les tribunaux correctionnels.

177. Le ministère public et les parties pourront, s'il y a lieu, se pourvoir en cassation contre les jugements rendus en dernier ressort par le tribunal de police, ou contre les jugements rendus par le tribunal correctionnel, sur l'appel des jugements de police. — Le recours aura lieu dans la forme et dans les délais qui seront prescrits.

178. Au commencement de chaque trimestre, les juges de paix et les maires transmettront au procureur impérial l'extrait des jugements de police qui auront été rendus dans le trimestre précédent, et qui auront prononcé la peine d'emprisonnement. Cet extrait sera délivré sans frais par le greffier. — Le procureur impérial le déposera au greffe du tribunal correctionnel. — Il en rendra un compte sommaire au procureur général près la cour impériale.

CHAP. II. — DES TRIBUNAUX EN MATIÈRE CORRECTIONNELLE.

179. Les tribunaux de première instance en matière civile connaîtront, en outre, sous le titre de tribunaux correctionnels, de tous les délits forestiers poursuivis à la requête de l'administration, et de tous les délits dont la peine excède cinq jours d'emprisonnement et quinze francs d'amende.

180. Ces tribunaux pourront, en matière correctionnelle, prononcer au nombre de trois juges.

181. S'il se commet un délit correctionnel dans l'enceinte et pendant la durée de l'audience, le président dressera procès-verbal du fait, entendra le prévenu et les témoins, et le tribunal appliquera, sans désemparer, les peines prononcées par la loi. — Cette disposition aura son exécution pour les délits correctionnels commis dans l'enceinte et pendant la durée des audiences de nos cours et même des audiences du tribunal civil, sans préjudice de l'appel de droit des jugements rendus dans ces cas par les tribunaux civils ou correctionnels.

182. Le tribunal sera saisi, en matière correctionnelle, de la connaissance des délits de sa compétence, soit par le renvoi qui lui en sera fait d'après les articles 130 et 160 ci-dessus, soit par la citation donnée directement au prévenu et aux personnes civilement responsables du délit par la partie civile, et, à l'égard des délits forestiers, par le conservateur, inspecteur ou sous-inspecteur forestier ou par les gardes généraux, et, dans tous les cas, par le procureur impérial.

183. La partie civile fera, par l'acte de citation, élection de domicile dans la ville où siége le tribunal : la citation énoncera les faits et tiendra lieu de plainte.

184. Il y aura au moins un délai de trois jours, outre un jour par trois myriamètres, entre la citation et le jugement, à peine de nullité de la condamnation qui serait prononcée par défaut contre la personne citée. — Néanmoins cette nullité ne pourra être proposée qu'à la première audience, et avant toute exception ou défense.

185. Dans les affaires relatives à des délits qui n'entraîneront pas la peine d'emprisonnement, le prévenu pourra se faire représenter par un avoué ; le tribunal pourra néanmoins ordonner sa comparution en personne.

186. Si le prévenu ne comparaît pas, il sera jugé par défaut.

187. La condamnation par défaut sera comme non avenue, si, dans les cinq jours de la signification qui en aura été faite au prévenu ou à son domicile, outre un jour par cinq myriamètres, celui-ci forme opposition à l'exécution du jugement, et notifie son opposition tant au ministère public qu'à la partie civile. — Néanmoins les frais de l'expédition, de la signification du jugement par défaut, et de l'opposition, demeureront à la charge du prévenu.

188. L'opposition emportera de droit citation à la première audience : elle sera non avenue, si l'opposant n'y comparaît pas, et le jugement que le tribunal aura rendu sur l'opposition ne pourra être attaqué par la partie qui l'aura formée, si ce n'est par appel, ainsi qu'il sera dit ci-après. — Le tribunal pourra, s'il y échet, accorder une provision ; et cette disposition sera exécutoire nonobstant l'appel.

189. La preuve des délits correctionnels se fera de la manière prescrite aux articles 154, 155 et 156 ci-dessus, concernant les contraventions de police. Les dispositions des articles 157, 158, 159, 160 et 161, sont communes aux tribunaux en matière correctionnelle.

190. L'instruction sera publique, à peine de nullité. Const. 1852, art. 56. — Le procureur impérial, la partie civile ou son défenseur, et, à l'égard des délits forestiers, le conservateur, inspecteur ou sous-inspecteur forestier, ou, à leur défaut, le garde général, exposeront l'affaire : les procès-verbaux ou rapports, s'il en a été dressé, seront lus par le greffier ; les témoins pour et contre seront entendus, s'il y a lieu, et les reproches proposés et jugés ; les pièces pouvant servir à conviction ou à décharge seront représentées aux témoins et aux parties ; le prévenu sera interrogé ; le prévenu et les personnes civilement responsables proposeront leurs défenses : le procureur impérial résumera l'affaire et donnera ses conclusions ; le prévenu et les personnes civilement responsables du délit pourront répliquer. — Le jugement sera prononcé de suite, ou, au plus tard, à l'audience qui suivra celle où l'instruction aura été terminée.

191. Si le fait n'est réputé ni délit ni contravention de police, le tribunal annulera l'instruction, la citation et tout ce qui aura suivi, renverra le prévenu, et statuera sur les demandes en dommages-intérêts.

192. Si le fait n'est qu'une contravention de

ARRÊTS ET JURISPRUDENCE DE LA COUR DE CASSATION.	ARRÊTS ET JURISPRUDENCE DE LA COUR IMPÉRIALE DU RESSORT.

JUGEMENTS ET JURISPRUDENCE DU TRIBUNAL CIVIL DU RESSORT.

OBSERVATIONS DIVERSES.

police, et si la partie publique ou la partie civile n'a pas demandé le renvoi, le tribunal appliquera la peine, et statuera, s'il y a lieu, sur les dommages-intérêts.—Dans ce cas, son jugement sera en dernier ressort.

193. Si le fait est de nature à mériter une peine afflictive ou infamante, le tribunal pourra décerner de suite le mandat de dépôt ou le mandat d'arrêt ; et il renverra le prévenu devant le juge d'instruction compétent.

194. Tout jugement de condamnation rendu contre le prévenu et contre les personnes civilement responsables du délit, ou contre la partie civile, les condamnera aux frais, même envers la partie publique. — Les frais seront liquidés par le même jugement.

195. Dans le dispositif de tout jugement de condamnation, seront énoncés les faits dont les personnes citées seront jugées coupables ou responsables, la peine et les condamnations civiles. — Le texte de la loi dont on fera l'application sera lu à l'audience par le président ; il sera fait mention de cette lecture dans le jugement, et le texte de la loi y sera inséré, sous peine de cinquante francs d'amende contre le greffier.

196. La minute du jugement sera signée au plus tard dans les vingt-quatre heures par les juges qui l'auront rendu. — Les greffiers qui délivreront expédition d'un jugement avant qu'il ait été signé seront poursuivis comme faussaires. — Les procureurs impériaux se feront représenter, tous les mois, les minutes des jugements ; et, en cas de contravention au présent article, ils en dresseront procès-verbal pour être procédé ainsi qu'il appartiendra.

197. Le jugement sera exécuté à la requête du procureur impérial et de la partie civile, chacun en ce qui le concerne.—Néanmoins les poursuites pour le recouvrement des amendes et confiscations seront faites, au nom du procureur impérial, par le directeur de la régie des droits d'enregistrement et domaines.

198. Le procureur impérial sera tenu, dans les quinze jours qui suivront la prononciation du jugement, d'en envoyer un extrait au procureur général près la cour impériale.

199. Les jugements rendus en matière correctionnelle pourront être attaqués par la voie de l'appel.

200. Les appels des jugements rendus en police correctionnelle seront portés des tribunaux d'arrondissement au tribunal du chef-lieu du département. — Les appels des jugements rendus en police correctionnelle au chef-lieu du département seront portés au tribunal du chef-lieu du département voisin, quand il sera dans le ressort de la même cour impériale, sans néanmoins que les tribunaux puissent, dans aucun cas, être respectivement juges d'appel de leurs jugements.—Il sera formé un tableau des tribunaux de chef-lieu auxquels les appels seront portés.

201. Dans le département où siége la cour impériale, les appels des jugements rendus en police correctionnelle seront portés à ladite cour. —Seront également portés à ladite cour les appels des jugements rendus en police correctionnelle dans le chef-lieu d'un département voisin, lorsque la distance de cette cour ne sera pas plus forte que celle du chef-lieu d'un autre département.

202. La faculté d'appeler appartiendra : — 1° Aux parties prévenues ou responsables ; — 2° A la partie civile, quant à ses intérêts civils seulement ; — 3° A l'administration forestière ; — 4° Au procureur impérial près le tribunal de première instance, lequel, dans le cas où il n'appellerait pas, sera tenu, dans le délai de quinzaine, d'adresser un extrait du jugement au magistrat du ministère public près le tribunal ou la cour qui doit connaître de l'appel;—5° Au ministère public près le tribunal ou la cour qui doit prononcer sur l'appel.

203. Il y aura, sauf l'exception portée en l'article 205 ci-après, déchéance de l'appel, si la déclaration d'appeler n'a pas été faite au greffe du tribunal qui a rendu le jugement, dix jours au plus tard après celui où il a été prononcé, et, si le jugement est rendu par défaut, dix jours au plus tard après celui de la signification qui en aura été faite à la partie condamnée ou à son domicile, outre un jour par trois myriamètres. — Pendant ce délai et pendant l'instance d'appel, il sera sursis à l'exécution du jugement.

204. La requête contenant les moyens d'appel pourra être remise dans le même délai au même greffe ; elle sera signée de l'appelant, ou d'un avoué, ou de tout autre fondé de pouvoir spécial. — Dans ce dernier cas, le pouvoir sera annexé à la requête. — Cette requête pourra aussi être remise directement au greffe du tribunal où l'appel sera porté.

205. Le ministère public près le tribunal ou la cour qui doit connaître de l'appel devra notifier son recours, soit au prévenu, soit à la personne civilement responsable du délit, dans les deux mois à compter du jour de la prononciation du jugement, ou, si le jugement lui a été légalement notifié par l'une des parties, dans le mois du jour de cette notification : sinon il sera déchu.

206. « La mise en liberté du prévenu acquitté ne pourra être suspendue, lorsqu'aucun appel n'aura été déclaré ou notifié dans les trois jours de la prononciation du jugement. »

207. La requête, si elle a été remise au greffe du tribunal de première instance, et les pièces, seront renvoyées par le procureur impérial au greffe de la cour ou du tribunal auquel l'appel sera porté, dans les vingt-quatre heures après la déclaration ou la remise de la notification d'appel. — Si celui contre lequel le jugement a été rendu est en état d'arrestation, il sera, dans le même délai, et par ordre du procureur impérial transféré dans la maison d'arrêt du lieu où siége la cour ou le tribunal qui jugera l'appel.

208. Les jugements rendus par défaut sur l'appel pourront être attaqués par la voie de l'opposition, dans la même forme et dans les mêmes délais que les jugements par défaut rendus par les tribunaux correctionnels. — L'opposition emportera de droit citation à la première audience, et sera comme non avenue, si l'opposant n'y comparaît pas. Le jugement qui interviendra sur l'opposition ne pourra être attaqué par la partie qui l'aura formée, si ce n'est devant la cour de cassation.

209. L'appel sera jugé à l'audience, dans le mois, sur un rapport fait par l'un des juges.

210. A la suite du rapport, et avant que le rapporteur et les juges émettent leur opinion, le prévenu, soit qu'il ait été acquitté, soit qu'il ait été condamné, les personnes civilement responsables du délit, la partie civile et le procureur impérial, seront entendus dans la forme et dans l'ordre prescrits dans l'article 190.

211. Les dispositions des articles précédents sur la solennité de l'instruction, la nature des preuves, la forme, l'authenticité et la signature du jugement définitif de première instance, la con-

---

EXTRAITS DES CODES ANNOTÉS DE SIREY ET AUTRES AUTEURS.

ARRÊTS ET JURISPRUDENCE DE LA COUR DE CASSATION.	ARRÊTS ET JURISPRUDENCE DE LA COUR IMPÉRIALE DU RESSORT.

JUGEMENTS ET JURISPRUDENCE DU TRIBUNAL CIVIL DU RESSORT.

OBSERVATIONS DIVERSES.

damnation aux frais, ainsi que les peines que ces articles prononcent, seront communes aux jugements rendus sur l'appel.

212. Si le jugement est réformé parce que le fait n'est réputé délit ni contravention de police par aucune loi, la cour ou le tribunal renverra le prévenu, et statuera, s'il y a lieu, sur les dommages-intérêts.

213. Si le jugement est annulé parce que le fait ne présente qu'une contravention de police, et si la partie publique et la partie civile n'ont pas demandé le renvoi, la cour ou le tribunal prononcera la peine, et statuera également, s'il y a lieu, sur les dommages-intérêts.

214. Si le jugement est annulé parce que le délit est de nature à mériter une peine afflictive ou infamante, la cour ou le tribunal décernera, s'il y a lieu, le mandat de dépôt, ou même le mandat d'arrêt, et renverra le prévenu devant le fonctionnaire public compétent, autre toutefois que celui qui aura rendu le jugement ou fait l'instruction.

215. Si le jugement est annulé pour violation ou omission non réparée de formes prescrites par la loi à peine de nullité, la cour ou le tribunal statuera sur le fond.

216. La partie civile, le prévenu, la partie publique, les personnes civilement responsables du délit, pourront se pourvoir en cassation contre le jugement.

TITRE DEUXIÈME.

DES AFFAIRES QUI DOIVENT ÊTRE SOUMISES AU JURY.

(Loi décrétée le 9 décembre 1808. Promulguée le 19.)

CHAP. I. — DES MISES EN ACCUSATION.

217. Le procureur général près la cour impériale sera tenu de mettre l'affaire en état dans les cinq jours de la réception des pièces qui lui auront été transmises en exécution de l'article 133 ou de l'article 135, et de faire son rapport dans les cinq jours suivants, au plus tard. — Pendant ce temps, la partie civile et le prévenu pourront fournir tels mémoires qu'ils estimeront convenables, sans que le rapport puisse être retardé.

218. Une section de la cour impériale, spécialement formée à cet effet, sera tenue de se réunir, au moins une fois par semaine, à la chambre du conseil, pour entendre le rapport du procureur général et statuer sur ses réquisitions.

219. Le président sera tenu de faire prononcer la section au plus tard dans les trois jours du rapport du procureur général.

220. Si l'affaire est de la nature de celles qui sont réservées à la haute-cour ou à la cour de cassation, le procureur général est tenu d'en requérir la suspension et le renvoi, et la section de l'ordonner.

221. Hors le cas prévu par l'article précédent, les juges examineront s'il existe contre le prévenu des preuves ou des indices d'un fait qualifié crime par la loi, et si ces preuves ou indices sont assez graves pour que la mise en accusation soit prononcée.

222. Le greffier donnera aux juges, en présence du procureur général, lecture de toutes les pièces du procès; elles seront ensuite laissées sur le bureau, ainsi que les mémoires que la partie civile et le prévenu auront fournis.

223. La partie civile, le prévenu, les témoins, ne paraîtront point.

224. Le procureur général, après avoir déposé sur le bureau sa réquisition écrite et signée, se retirera ainsi que le greffier.

225. Les juges délibéreront entre eux sans désemparer, et sans communiquer avec personne.

226. La cour statuera par un seul et même arrêt sur les délits connexes dont les pièces se trouveront en même temps produites devant elle.

227. Les délits sont connexes, soit lorsqu'ils ont été commis en même temps par plusieurs personnes réunies, soit lorsqu'ils ont été commis par différentes personnes, même en différents temps et en divers lieux, mais par suite d'un concert formé à l'avance entre elles, soit lorsque les coupables ont commis les uns pour se procurer les moyens de commettre les autres, pour en faciliter, pour en consommer l'exécution, ou pour en assurer l'impunité.

228. Les juges pourront ordonner, s'il y échet, des informations nouvelles.—Ils pourront également ordonner, s'il y a lieu, l'apport des pièces servant à conviction qui seront restées déposées au greffe du tribunal de première instance. — Le tout dans le plus court délai.

229. Si la cour n'aperçoit aucune trace d'un délit prévu par la loi, ou si elle ne trouve pas des indices suffisants de culpabilité, elle ordonnera la mise en liberté du prévenu; ce qui sera exécuté sur-le-champ, s'il n'est retenu pour autre cause. — Dans le même cas, lorsque la cour statuera sur une opposition à la mise en liberté du prévenu prononcée par les premiers juges, elle confirmera leur ordonnance; ce qui sera exécuté comme il est dit au précédent paragraphe.

230. Si la cour estime que le prévenu doit être renvoyé à un tribunal de simple police ou à un tribunal de police correctionnelle, elle prononcera le renvoi, et indiquera le tribunal qui doit en connaître. — Dans le cas de renvoi à un tribunal de simple police, le prévenu sera mis en liberté.

231. Si le fait est qualifié crime par la loi, et que la cour trouve des charges suffisantes pour motiver la mise en accusation, elle ordonnera le renvoi du prévenu aux assises. — Si le délit a été mal qualifié dans l'ordonnance de prise de corps, la cour l'annulera, et en décernera une nouvelle. — Si la cour, en prononçant l'accusation du prévenu, statue sur une opposition à sa mise en liberté, elle annulera l'ordonnance des premiers juges, et décernera une ordonnance de prise de corps.

232. Toutes les fois que la cour décernera des ordonnances de prise de corps, elle se conformera au second paragraphe de l'article 134.

233. L'ordonnance de prise de corps, soit qu'elle ait été rendue par les premiers juges, soit qu'elle l'ait été par la cour, sera insérée dans l'arrêt de mise en accusation, lequel contiendra l'ordre de conduire l'accusé dans la maison de justice établie près la cour où il sera renvoyé.

234. Les arrêts seront signés par chacun des juges qui les auront rendus; il y sera fait mention, à peine de nullité, tant de la réquisition du ministère public, que du nom de chacun des juges.

235. Dans toutes les affaires, les cours impériales, tant qu'elles n'auront pas décidé s'il y a lieu de prononcer la mise en accusation, pourront d'office, soit qu'il y ait ou non une instruc-

---

ARRÊTS ET JURISPRUDENCE DE LA COUR DE CASSATION.	ARRÊTS ET JURISPRUDENCE DE LA COUR IMPÉRIALE DU RESSORT.

JUGEMENTS ET JURISPRUDENCE DU TRIBUNAL CIVIL DU RESSORT.

OBSERVATIONS DIVERSES.

tion commencée par les premiers juges, ordonner des poursuites, se faire apporter les pièces, informer ou faire informer, et statuer ensuite ce qu'il appartiendra.

236. Dans le cas du précédent article, un des membres de la section dont il est parlé en l'article 218 fera les fonctions de juge instructeur.

237. Le juge entendra les témoins, ou commettra, pour recevoir leurs dépositions, un des juges du tribunal de première instance dans le ressort duquel ils demeurent, interrogera le prévenu, fera constater par écrit toutes les preuves ou indices qui pourront être recueillis, et décernera, suivant les circonstances, les mandats d'amener, de dépôt ou d'arrêt.

238. Le procureur général fera son rapport dans les cinq jours de la remise que le juge instructeur lui aura faite des pièces.

239. Il ne sera décerné préalablement aucune ordonnance de prise de corps ; et s'il résulte de l'examen, qu'il y a lieu de renvoyer le prévenu à la cour d'assises ou au tribunal de police correctionnelle, l'arrêt portera cette ordonnance, ou celle de se représenter, si le prévenu a été admis à la liberté sous caution.

240. Seront, au surplus, observées les autres dispositions du présent Code qui ne seront point contraires aux cinq articles précédents.

241. Dans tous les cas où le prévenu sera renvoyé à la cour d'assises, le procureur général sera tenu de rédiger un acte d'accusation. — L'acte d'accusation exposera, 1° la nature du délit qui forme la base de l'accusation ; 2° le fait et toutes les circonstances qui peuvent aggraver ou diminuer la peine : le prévenu y sera dénommé et clairement désigné. — L'acte d'accusation sera terminé par le résumé suivant : — *En conséquence, N... est accusé d'avoir commis tel meurtre, tel vol, ou tel autre crime, avec telle et telle circonstance.*

242. L'arrêt de renvoi et l'acte d'accusation seront signifiés à l'accusé, et il lui sera laissé copie du tout.

243. Dans les vingt-quatre heures qui suivront cette signification, l'accusé sera transféré de la maison d'arrêt dans la maison de justice établie près la cour où il doit être jugé.

244. Si l'accusé ne peut être saisi ou ne se présente point on procédera contre lui par contumace, ainsi qu'il sera réglé ci-après au chapitre II du titre IV du présent livre (art. 465 à 478)

245. Le procureur général donnera avis de l'arrêt de renvoi à la cour d'assises, tant au maire du lieu du domicile de l'accusé, s'il est connu, qu'à celui du lieu où le délit a été commis.

246. Le prévenu, à l'égard duquel la cour impériale aura décidé qu'il n'y a pas lieu au renvoi à la cour d'assises, ne pourra plus y être traduit à raison du même fait, à moins qu'il ne survienne de nouvelles charges.

247. Sont considérées comme charges nouvelles, les déclarations des témoins, pièces et procès-verbaux qui, n'ayant pu être soumis à l'examen de la cour impériale, sont cependant de nature, soit à fortifier les preuves que la cour aurait trouvées trop faibles, soit à donner aux faits de nouveaux développements utiles à la manifestation de la vérité.

248. En ce cas, l'officier de police judiciaire ou le juge d'instruction adressera sans délai copie des pièces et charges au procureur général près la cour impériale ; et, sur la réquisition du procureur général, le président de la section criminelle indiquera le juge devant lequel il sera, à la poursuite de l'officier du ministère public, procédé à une nouvelle instruction, conformément à ce qui a été prescrit. — Pourra toutefois le juge d'instruction décerner s'il y a lieu, sur les nouvelles charges, et avant leur envoi au procureur général, un mandat de dépôt contre le prévenu qui aurait été déjà mis en liberté d'après les dispositions de l'article 229.

249. Le procureur impérial enverra, tous les huit jours, au procureur général une notice de toutes les affaires criminelles, de police correctionnelle ou de simple police, qui seront survenues.

250. Lorsque dans la notice des causes de police correctionnelle ou de simple police, le procureur général trouvera qu'elles présentent des caractères plus graves, il pourra ordonner l'apport des pièces dans la quinzaine seulement de la réception de la notice, pour ensuite être par lui fait, dans un autre délai de quinzaine du jour de la réception des pièces, telles réquisitions qu'il estimera convenables, et par la cour

être ordonné, dans le délai de trois jours, ce qu'il appartiendra.

CHAP. II. — DE LA FORMATION DES COURS D'ASSISES.

251. Il sera tenu des assises dans chaque département, pour juger les individus que la cour impériale y aura renvoyés.

252. « Dans les départements où siégent les cours impériales, les assises seront tenues par trois des membres de la cour, dont l'un sera président. — Les fonctions du ministère public seront remplies soit par le procureur général, soit par un des avocats généraux, soit par un des substituts du procureur général. — Le greffier de la cour y exercera ses fonctions par lui-même, ou par l'un de ses commis assermentés. »

253. « Dans les autres départements, la cour d'assises sera composée : 1° d'un conseiller à la cour impériale, et qui sera président de la cour d'assises ; 2° de deux juges pris, soit parmi les conseillers de la cour impériale, lorsque celle-ci jugera convenable de les déléguer à cet effet, soit parmi les présidents ou juges du tribunal de première instance du lieu de la tenue des assises ; 3° du procureur impérial près le tribunal, ou de l'un de ses substituts, sans préjudice des dispositions contenues dans les articles 265, 271 et 281 ; 4° du greffier du tribunal, ou de l'un de ses commis assermentés. »

254 et 255. *Abrogés par la loi du 4 mars 1831, art. 4.*

256. *Abrogé par la loi du 10 décembre 1830.*

257. Les membres de la cour impériale qui auront voté sur la mise en accusation ne pourront, dans la même affaire, ni présider les assises, ni assister le président, à peine de nullité. — Il en sera de même à l'égard du juge d'instruction.

258. Les assises se tiendront ordinairement dans le chef-lieu de chaque département. — La cour impériale pourra néanmoins désigner un tribunal autre que celui du chef-lieu.

259. La tenue des assises aura lieu tous les trois mois. — Elles pourront se tenir plus souvent si le besoin l'exige.

260. Le jour où les assises doivent s'ouvrir sera fixé par le président de la cour d'assises. — Les assises ne seront closes qu'après que toutes

ARRÊTS ET JURISPRUDENCE DE LA COUR DE CASSATION.	ARRÊTS ET JURISPRUDENCE DE LA COUR IMPÉRIALE DU RESSORT.

JUGEMENTS ET JURISPRUDENCE DU TRIBUNAL CIVIL DU RESSORT.

OBSERVATIONS DIVERSES.

les affaires criminelles qui étaient en état lors de leur ouverture y auront été portées.

261. Les accusés qui ne seront arrivés dans la maison de justice qu'après l'ouverture des assises ne pourront y être jugés que lorsque le procureur général l'aura requis, lorsque les accusés y auront consenti, et lorsque le président l'aura ordonné. — En ce cas, le procureur général et les accusés seront considérés comme ayant renoncé à la faculté de se pourvoir en nullité contre l'arrêt portant renvoi à la cour d'assises.

262. Les arrêts de la cour d'assises ne pourront être attaqués que par la voie de la cassation et dans les formes déterminées par la loi.

263. Si, depuis la notification faite aux jurés en exécution de l'article 389 du présent Code, le président de la cour d'assises se trouve dans l'impossibilité de remplir ses fonctions, il sera remplacé par le plus ancien des autres juges de la cour impériale, nommés ou délégués pour l'assister; et, s'il n'a pour assesseur aucun juge de la cour impériale, par le président du tribunal de première instance.

264. Les juges de la cour impériale seront, en cas d'absence ou de tout autre empêchement, remplacés par d'autres juges de la même cour, et, à leur défaut, par des juges de première instance; ceux de première instance le seront par les suppléants. — Les juges-auditeurs, qui seront présents et auront l'âge requis, concourront pour le remplacement avec les juges de première instance, suivant l'ordre de leur réception.

265. Le procureur général pourra, même étant présent, déléguer ses fonctions à l'un de ses substituts. — Cette disposition est commune à la cour impériale et à la cour d'assises.

§ 1. — Fonctions du président.

266. Le président est chargé : 1° d'entendre l'accusé lors de son arrivée dans la maison de justice; 2° de convoquer les jurés, et de les tirer au sort. — Il pourra déléguer ces fonctions à l'un des juges.

267. Il sera de plus chargé personnellement de diriger les jurés dans l'exercice de leurs fonctions, de leur exposer l'affaire sur laquelle ils auront à délibérer, même de leur rappeler leur devoir, de présider à toute l'instruction et

de déterminer l'ordre entre ceux qui demanderont à parler. — Il aura la police de l'audience.

268. Le président est investi d'un pouvoir discrétionnaire, en vertu duquel il pourra prendre sur lui tout ce qu'il croira utile pour découvrir la vérité; et la loi charge son honneur et sa conscience d'employer tous ses efforts pour en favoriser la manifestation.

269. Il pourra, dans le cours des débats, appeler, même par mandat d'amener, et entendre toutes personnes, ou se faire apporter toutes nouvelles pièces qui lui paraîtraient, d'après les nouveaux développements donnés à l'audience, soit par les accusés, soit par les témoins, pouvoir répandre un jour utile sur le fait contesté. — Les témoins ainsi appelés ne prêteront point serment, et leurs déclarations ne seront considérées que comme renseignements.

270. Le président devra rejeter tout ce qui tendrait à prolonger les débats sans donner lieu d'espérer plus de certitude dans les résultats.

§ 2. — Fonctions du procureur général près la cour impériale.

271. Le procureur général près la cour impériale poursuivra, soit par lui-même, soit par son substitut, toute personne mise en accusation suivant les formes prescrites au chapitre I du présent titre (art. 217 à 250). Il ne pourra porter à la cour aucune autre accusation, à peine de nullité, et, s'il y a lieu, de prise à partie.

272. Aussitôt que le procureur général ou son substitut aura reçu les pièces, il apportera tous ses soins à ce que les actes préliminaires soient faits et que tout soit en état, pour que les débats puissent commencer à l'époque de l'ouverture des assises.

273. Il assistera aux débats; il requerra l'application de la peine; il sera présent à la prononciation de l'arrêt.

274. Le procureur général, soit d'office, soit par les ordres du ministre de la justice, charge le procureur impérial de poursuivre les délits dont il a connaissance.

275. Il reçoit les dénonciations et les plaintes qui lui sont adressées directement, soit par la cour impériale, soit par un fonctionnaire public, soit par un simple citoyen, et il en tient registre. — Il les transmet au procureur impérial.

276. Il fait, au nom de la loi, toutes les réquisitions qu'il juge utiles; la cour est tenue de lui en donner acte et d'en délibérer.

277. Les réquisitions du procureur général doivent être de lui signées : celles faites dans le cours d'un débat seront retenues par le greffier sur son procès-verbal ; et elles seront aussi signées par le procureur général : toutes les décisions auxquelles auront donné lieu ces réquisitions seront signées par le juge qui aura présidé et par le greffier.

278. Lorsque la cour ne déférera pas à la réquisition du procureur général, l'instruction ni le jugement ne seront arrêtés ni suspendus, sauf après l'arrêt, s'il y a lieu, le recours en cassation par le procureur général.

279. Tous les officiers de police judiciaire, même les juges d'instruction, sont soumis à la surveillance du procureur général. — Tous ceux qui, d'après l'article 9 du présent Code, sont, à raison de fonctions, même administratives, appelés par la loi à faire quelques actes de la police judiciaire, sont, sous ce rapport seulement, soumis à la même surveillance.

280. En cas de négligence des officiers de police judiciaire et des juges d'instruction, le procureur général les avertira : cet avertissement sera consigné par lui sur un registre tenu à cet effet.

281. En cas de récidive, le procureur général les dénoncera à la cour. — Sur l'autorisation de la cour, le procureur général les fera citer à la chambre du conseil. — La cour leur enjoindra d'être plus exacts à l'avenir, et les condamnera aux frais tant de la citation que de l'expédition et de la signification de l'arrêt.

282. Il y aura récidive, lorsque le fonctionnaire sera repris, pour quelque affaire que ce soit, avant l'expiration d'une année, à compter du jour de l'avertissement consigné sur le registre.

283. Dans tous les cas où les procureurs impériaux et les présidents sont autorisés à remplir les fonctions d'officiers de police judiciaire ou de juge d'instruction, ils pourront déléguer au procureur impérial, au juge d'instruction, et au juge de paix, même d'un arrondissement communal voisin du lieu du délit, les fonctions qui leur sont respectivement attribuées, autres que le pouvoir de délivrer les mandats d'amener, de dépôt et d'arrêt contre les prévenus.

EXTRAITS DES CODES ANNOTÉS DE SIREY ET AUTRES AUTEURS.

ARRÊTS ET JURISPRUDENCE DE LA COUR DE CASSATION.	ARRÊTS ET JURISPRUDENCE DE LA COUR IMPÉRIALE DU RESSORT.

JUGEMENTS ET JURISPRUDENCE DU TRIBUNAL CIVIL DU RESSORT.

OBSERVATIONS DIVERSES.

§ 3. — **Fonctions du procureur impérial au criminel.**

284. Le procureur impérial au criminel, dont il est parlé en l'article 253, remplacera près la cour d'assises le procureur général dans les départements autres que celui où siége la cour impériale ; sans préjudice de la faculté que le procureur général aura toujours de s'y rendre lui-même pour y exercer ses fonctions.

285. Ce substitut résidera dans le chef-lieu du département.

286. Si les assises se tiennent dans une autre ville que le chef-lieu, il s'y transportera.

287. Le procureur impérial au criminel remplira aussi les fonctions du ministère public dans l'instruction et dans le jugement des appels de police correctionnelle.

288. En cas d'empêchement momentané, il sera remplacé par le procureur impérial près le tribunal de première instance du chef-lieu.

289. Il surveillera les officiers de police judiciaire du département.

290. Il rendra compte au procureur général, une fois tous les trois mois, et plus souvent s'il en est requis, de l'état de la justice du département en matière criminelle, de police correctionnelle et de simple police.

CHAP. III. — DE LA PROCÉDURE DEVANT LA COUR D'ASSISES.

291. Quand l'accusation aura été prononcée, si l'affaire ne doit pas être jugée dans le lieu où siége la cour impériale, le procès sera, par les ordres du procureur général, envoyé dans les vingt-quatre heures au greffe du tribunal de première instance du chef-lieu du département ou au greffe du tribunal qui pourrait avoir été désigné. — Dans tous les cas, les pièces servant à conviction qui seront restées déposées au greffe du tribunal d'instruction, ou qui auraient été apportées à celui de la cour impériale, seront réunies dans le même délai au greffe où doivent être remises les pièces du procès.

292. Les vingt-quatre heures courront du moment de la signification, faite à l'accusé, de l'arrêt de renvoi devant la cour d'assises. — L'accusé, s'il est détenu, sera, dans le même délai, envoyé dans la maison de justice du lieu où doivent se tenir les assises.

293. Vingt-quatre heures au plus tard après la remise des pièces au greffe et l'arrivée de l'accusé dans la maison de justice, celui-ci sera interrogé par le président de la cour d'assises, ou par le juge qu'il aura délégué.

294. L'accusé sera interpellé de déclarer le choix qu'il aura fait d'un conseil pour l'aider dans sa défense ; sinon le juge lui en désignera un sur-le-champ, à peine de nullité de tout ce qui suivra. — Cette désignation sera comme non avenue, et la nullité ne sera pas prononcée, si l'accusé choisit un conseil.

295. Le conseil de l'accusé ne pourra être choisi par lui ou désigné par le juge que parmi les avocats ou avoués de la cour impériale ou de son ressort, à moins que l'accusé n'obtienne du président de la cour d'assises la permission de prendre pour conseil un de ses parents ou amis.

296. Le juge avertira de plus l'accusé que, dans le cas où il se croirait fondé à former une demande en nullité, il doit faire sa déclaration dans les cinq jours suivants, et qu'après l'expiration de ce délai, il n'y sera plus recevable. — L'exécution du présent article et des deux précédents sera constatée par un procès-verbal, que signeront l'accusé, le juge et le greffier : si l'accusé ne sait ou ne veut pas signer, le procès-verbal en fera mention.

297. Si l'accusé n'a point été averti, conformément au précédent article, la nullité ne sera pas couverte par son silence ; ses droits seront conservés, sauf à les faire valoir après l'arrêt définitif.

298. Le procureur général est tenu de faire sa déclaration dans le même délai, à compter de l'interrogatoire, et sous la même peine de déchéance portée en l'article 296.

299. « La demande en nullité ne peut être formée que contre l'arrêt de renvoi et dans les quatre cas suivants : — 1° Pour cause d'incompétence ; — 2° Si le fait n'est pas qualifié crime par la loi ; — 3° Si le ministère public n'a pas été entendu ; — 4° Si l'arrêt n'a pas été rendu par le nombre de juges fixé par la loi. »

300. La déclaration doit être faite au greffe. — Aussitôt qu'elle aura été reçue par le greffier, l'expédition de l'arrêt sera transmise par le procureur général près la cour impériale au procureur général près la cour de cassation, laquelle sera tenue de prononcer, toutes affaires cessantes.

301. « Nonobstant la demande en nullité, l'instruction est continuée jusqu'aux débats exclusivement. — Mais si la demande est faite après l'accomplissement des formalités et l'expiration du délai qui sont prescrits par l'article 296, il est procédé à l'ouverture des débats et au jugement. La demande en nullité et les moyens sur lesquels elle est fondée ne sont soumis à la cour de cassation qu'après l'arrêt définitif de la cour d'assises. — Il en est de même à l'égard de tout pourvoi formé soit après l'expiration du délai légal, soit pendant le cours du délai après le tirage du jury, pour quelque cause que ce soit. »

302. Le conseil pourra communiquer avec l'accusé après son interrogatoire. — Il pourra aussi prendre communication de toutes les pièces, sans déplacement et sans retarder l'instruction.

303. S'il y a de nouveaux témoins à entendre, et qu'ils résident hors du lieu où se tient la cour d'assises, le président, ou le juge qui le remplace, pourra commettre, pour recevoir leurs dépositions, le juge d'instruction de l'arrondissement où ils résident, ou même d'un autre arrondissement : celui-ci, après les avoir reçues, les enverra closes et cachetées au greffier qui doit exercer ses fonctions à la cour d'assises.

304. Les témoins qui n'auront pas comparu sur la citation du président ou du juge commis par lui, et qui n'auront pas justifié qu'ils en étaient légitimement empêchés, ou qui refuseront de faire leurs dépositions, seront jugés par la cour d'assises, et punis conformément à l'article 80.

305. Les conseils des accusés pourront prendre ou faire prendre, à leurs frais, copie de telles pièces du procès qu'ils jugeront utiles à leur défense. — Il ne sera délivré gratuitement aux accusés, en quelque nombre qu'ils puissent être, et dans tous les cas, qu'une seule copie des procès-verbaux constatant le délit, et des déclarations écrites des témoins. — Les présidents, les juges et le procureur général sont tenus de veiller à l'exécution du présent article.

306. Si le procureur général ou l'accusé ont des motifs pour demander que l'affaire ne soit pas portée à la première assemblée du jury, ils présenteront au président de la cour d'assises une requête en prorogation de délai. — Le

---

EXTRAITS DES CODES ANNOTÉS DE SIREY ET AUTRES AUTEURS.

ARRÊTS ET JURISPRUDENCE DE LA COUR DE CASSATION.	ARRÊTS ET JURISPRUDENCE DE LA COUR IMPÉRIALE DU RESSORT.

JUGEMENTS ET JURISPRUDENCE DU TRIBUNAL CIVIL DU RESSORT.

OBSERVATIONS DIVERSES.

président décidera si cette prorogation doit être accordée ; il pourra aussi, d'office, proroger le délai.

307. Lorsqu'il aura été formé à raison du même délit plusieurs actes d'accusation contre différents accusés, le procureur général pourra en requérir la jonction, et le président pourra l'ordonner, même d'office.

308. Lorsque l'acte d'accusation contiendra plusieurs délits non connexes, le procureur général pourra requérir que les accusés ne soient mis en jugement, quant à présent, que sur l'un ou quelques-uns de ces délits, et le président pourra l'ordonner d'office.

309. Au jour fixé pour l'ouverture des assises, la cour ayant pris séance, douze jurés se placeront, dans l'ordre désigné par le sort, sur des siéges séparés du public, des parties et des témoins, en face de celui qui est destiné à l'accusé.

CHAP. IV. — DE L'EXAMEN DU JUGEMENT ET DE L'EXÉCUTION.

SECT. 1. — *De l'examen.*

310. L'accusé comparaîtra libre, et seulement accompagné de gardes pour l'empêcher de s'évader. — Le président lui demandera son nom, ses prénoms, son âge, sa profession, sa demeure et le lieu de sa naissance.

311. Le président avertira le conseil de l'accusé qu'il ne peut rien dire contre sa conscience ou contre le respect dû aux lois, et qu'il doit s'exprimer avec décence et modération.

312. Le président adressera aux jurés, debout et découvert, le discours suivant : — « Vous « jurez et promettez devant Dieu et devant les « hommes d'examiner avec l'attention la plus « scrupuleuse les charges qui seront portées « contre N ; de ne trahir ni les intérêts de « l'accusé, ni ceux de la société qui l'accuse ; de « ne communiquer avec personne jusqu'après « votre déclaration ; de n'écouter ni la haine ou « la méchanceté, ni la crainte ou l'affection ; de « vous décider d'après les charges et les moyens « de défense, suivant votre conscience et votre « intime conviction, avec l'impartialité et la « fermeté qui conviennent à un homme probe et « libre. » — Chacun des jurés, appelé indivi-

duellement par le président, répondra, en levant la main, *Je le jure ;* à peine de nullité.

313. Immédiatement après, le président avertira l'accusé d'être attentif à ce qu'il va entendre. — Il ordonnera au greffier de lire l'arrêt de la cour impériale portant renvoi à la cour d'assises, et l'acte d'accusation.

314. Après cette lecture, le président rappellera à l'accusé ce qui est contenu en l'acte d'accusation, et lui dira : « Voilà de quoi vous « êtes accusé ; vous allez entendre les charges « qui seront produites contre vous. »

315. Le procureur général exposera le sujet de l'accusation ; il présentera ensuite la liste des témoins qui devront être entendus, soit à sa requête, soit à la requête de la partie civile, soit à celle de l'accusé. — Cette liste sera lue à haute voix par le greffier. — Elle ne pourra contenir que les témoins dont les noms, profession et résidence auront été notifiés, vingt-quatre heures au moins avant l'examen de ces témoins, à l'accusé, par le procureur général ou la partie civile, et au procureur général par l'accusé ; sans préjudice de la faculté accordée au président par l'article 269. — L'accusé et le procureur général pourront, en conséquence, s'opposer à l'audition d'un témoin qui n'aurait pas été indiqué ou qui n'aurait pas été clairement désigné dans l'acte de notification. — La cour statuera de suite sur cette opposition.

316. Le président ordonnera aux témoins de se retirer dans la chambre qui leur sera destinée. Ils n'en sortiront que pour déposer. Le président prendra des précautions, s'il en est besoin, pour empêcher les témoins de conférer entre eux du délit et de l'accusé, avant leur déposition.

317. Les témoins déposeront séparément l'un de l'autre, dans l'ordre établi par le procureur général. Avant de déposer, ils prêteront, à peine de nullité, le serment de parler sans haine et sans crainte, de dire toute la vérité et rien que la vérité. — Le président leur demandera leurs noms, prénoms, âge, profession, leur domicile ou résidence, s'ils connaissaient l'accusé avant le fait mentionné dans l'acte d'accusation, s'ils sont parents ou alliés soit de l'accusé, soit de la partie civile, et à quel degré ; il leur demandera encore s'ils ne sont pas attachés au service de l'un ou de l'autre : cela fait, les témoins déposeront oralement.

318. Le président fera tenir note, par le greffier, des additions, changements ou variations, qui pourraient exister entre la déposition d'un témoin et ses précédentes déclarations. — Le procureur général et l'accusé pourront requérir le président de faire tenir les notes de ces changements, additions et variations.

319. Après chaque déposition, le président demandera au témoin si c'est de l'accusé présent qu'il a entendu parler ; il demandera ensuite à l'accusé s'il veut répondre à ce qui vient d'être dit contre lui. — Le témoin ne pourra être interrompu : l'accusé ou son conseil pourront le questionner par l'organe du président, après sa déposition, et dire, tant contre lui que contre son témoignage, tout ce qui pourra être utile à la défense de l'accusé. — Le président pourra également demander au témoin et à l'accusé tous les éclaircissements qu'il croira nécessaires à la manifestation de la vérité. — Les juges, le procureur général et les jurés auront la même faculté, en demandant la parole au président. La partie civile ne pourra faire de questions, soit au témoin, soit à l'accusé, que par l'organe du président.

320. Chaque témoin, après sa déposition, restera dans l'auditoire, si le président n'en a ordonné autrement, jusqu'à ce que les jurés se soient retirés pour donner leur déclaration.

321. Après l'audition des témoins produits par le procureur général et par la partie civile, l'accusé fera entendre ceux dont il aura notifié la liste soit sur les faits mentionnés dans l'acte d'accusation, soit pour attester qu'il est homme d'honneur, de probité, et d'une conduite irréprochable. — Les citations faites à la requête des accusés seront à leurs frais, ainsi que les salaires des témoins cités, s'ils en requièrent ; sauf au procureur général à faire citer à sa requête les témoins qui lui seront indiqués par l'accusé, dans le cas où il jugerait que leur déclaration pût être utile pour la découverte de la vérité.

322. Ne pourront être reçues les dépositions, — 1° Du père, de la mère, de l'aïeul, de l'aïeule, ou de tout autre ascendant de l'accusé, ou de l'un des accusés présents et soumis au même débat ; — 2° Du fils, fille, petit-fils, petite-fille, ou de toute autre descendant ; — 3° Des frères et sœurs ; — 4° Des alliés au même degré ; — 5° Du mari et de la femme, même après le

ARRÊTS ET JURISPRUDENCE DE LA COUR DE CASSATION.	ARRÊTS ET JURISPRUDENCE DE LA COUR IMPÉRIALE DU RESSORT.

JUGEMENTS ET JURISPRUDENCE DU TRIBUNAL CIVIL DU RESSORT.

OBSERVATIONS DIVERSES.

divorce prononcé ; — 6° Des dénonciateurs dont la dénonciation est récompensée pécuniairement par la loi ; — Sans néanmoins que l'audition des personnes ci-dessus désignées puisse opérer une nullité, lorsque, soit le procureur général, soit la partie civile, soit les accusés, ne se sont pas opposés à ce qu'elles soient entendues.

323. Les dénonciateurs autres que ceux récompensés pécuniairement par la loi pourront être entendus en témoignage ; mais le jury sera averti de leur qualité de dénonciateurs.

324. Les témoins produits par le procureur général ou par l'accusé seront entendus dans le débat, même lorsqu'ils n'auraient pas préalablement déposé par écrit, lorsqu'ils n'auraient reçu aucune assignation, pourvu, dans tous les cas, que ces témoins soient portés sur la liste mentionnée dans l'article 315.

325. Les témoins, par quelque partie qu'ils soient produits, ne pourront jamais s'interpeller entre eux.

326. L'accusé pourra demander, après qu'ils auront déposé, que ceux qu'il désignera se retirent de l'auditoire, et qu'un ou plusieurs d'entre eux soient introduits et entendus de nouveau, soit séparément, soit en présence les uns des autres. — Le procureur général aura la même faculté. — Le président pourra aussi l'ordonner d'office.

327. Le président pourra, avant, pendant ou après l'audition d'un témoin, faire retirer un ou plusieurs accusés, et les examiner séparément sur quelques circonstances du procès ; mais il aura soin de ne reprendre la suite des débats généraux qu'après avoir instruit chaque accusé de ce qui en sera résulté.

328. Pendant l'examen, les jurés, le procureur général et les juges pourront prendre note de ce qui leur paraîtra important, soit dans les dépositions des témoins, soit dans la défense de l'accusé, pourvu que la discussion n'en soit pas interrompue.

329. Dans le cours ou à la suite des dépositions, le président fera représenter à l'accusé toutes les pièces relatives au délit et pouvant servir à conviction ; il l'interpellera de répondre personnellement s'il les reconnaît : le président les fera aussi représenter aux témoins, s'il y a lieu.

330. Si, d'après les débats, la déposition d'un témoin paraît fausse, le président pourra, sur la réquisition, soit du procureur général, soit de la partie civile, soit de l'accusé, et même d'office, faire sur-le-champ mettre le témoin en état d'arrestation. Le procureur général, et le président ou l'un des juges par lui commis, rempliront à son égard, le premier, les fonctions d'officier de police judiciaire ; le second les fonctions attribuées aux juges d'instruction dans les autres cas. — Les pièces d'instruction seront ensuite transmises à la cour impériale, pour y être statué sur la mise en accusation.

331. Dans le cas de l'article précédent, le procureur général, la partie civile ou l'accusé, pourront immédiatement requérir, et la cour ordonner, même d'office, le renvoi de l'affaire à la prochaine session.

332. Dans le cas où l'accusé, les témoins ou l'un d'eux, ne parleraient pas la même langue ou le même idiome, le président nommera d'office, à peine de nullité, un interprète âgé de vingt-un ans au moins, et lui fera, sous la même peine, prêter serment de traduire fidèlement les discours à transmettre entre ceux qui parlent des langages différents. — L'accusé et le procureur général pourront récuser l'interprète, en motivant leur récusation. — La cour prononcera. — L'interprète ne pourra, à peine de nullité, même du consentement de l'accusé ni du procureur général, être pris parmi les témoins, les juges et les jurés.

333. Si l'accusé est sourd-muet et ne sait pas écrire, le président nommera d'office pour son interprète la personne qui aura le plus d'habitude de converser avec lui.—Il en sera de même à l'égard du témoin sourd-muet. — Le surplus des dispositions du précédent article sera exécuté. — Dans le cas où le sourd-muet saurait écrire, le greffier écrira les questions et observations qui lui seront faites, elles seront remises à l'accusé ou au témoin, qui donneront par écrit leurs réponses ou déclarations. Il sera fait lecture du tout par le greffier.

334. Le président déterminera celui des accusés qui devra être soumis le premier aux débats, en commençant par le principal accusé, s'il y en a un. — Il se fera ensuite un débat particulier sur chacun des autres accusés.

335. A la suite des dépositions des témoins, et des dires respectifs auxquels elles auront donné lieu, la partie civile ou son conseil et le procureur général seront entendus, et développeront les moyens qui appuient l'accusation.—L'accusé et son conseil pourront leur répondre. — La réplique sera permise à la partie civile et au procureur général ; mais l'accusé ou son conseil auront toujours la parole les derniers.—Le président déclarera ensuite que les débats sont terminés.

336. Le président résumera l'affaire. — Il fera remarquer aux jurés les principales preuves pour ou contre l'accusé. —Il leur rappellera les fonctions qu'ils ont à remplir. — Il posera les questions ainsi qu'il sera dit ci-après (art. 337 à 341).

337. La question résultant de l'acte d'accusation sera posée en ces termes : — « L'accusé « est-il coupable d'avoir commis tel meurtre, tel « vol ou tel autre crime, avec toutes les circon- « stances comprises dans le résumé de l'acte « d'accusation ? »

338. S'il résulte des débats une ou plusieurs circonstances aggravantes, non mentionnées dans l'acte d'accusation, le président ajoutera la question suivante : — « L'accusé a-t-il commis le « crime avec telle ou telle circonstance ? »

339. « Lorsque l'accusé aura proposé pour excuse un fait admis comme tel par la loi, le président devra, à peine de nullité, poser la question ainsi qu'il suit : —« Tel fait est-il constant ? »

340. « Si l'accusé a moins de seize ans, le président posera, à peine de nullité, cette question : — « L'accusé a-t-il agi avec discerne- « ment ? »

341. « En toute matière criminelle, même en cas de récidive, le président, après avoir posé les questions résultant de l'acte d'accusation et des débats, avertit le jury, à peine de nullité, que s'il pense, à la majorité, qu'il existe, en faveur d'un ou de plusieurs accusés reconnus coupables, des circonstances atténuantes, il doit en faire la déclaration en ces termes : « A la majo- « rité, il y a des circonstances atténuantes en « faveur de l'accusé. » Ensuite le président remet les questions écrites aux jurés, dans la personne du chef du jury ; il y joint l'acte d'accusation, les procès-verbaux qui constatent les délits et les pièces du procès, autres que les déclarations écrites des témoins. — Le président avertit le

<table>
<tr><td>ARRÊTS ET JURISPRUDENCE DE LA COUR
DE CASSATION.</td><td>ARRÊTS ET JURISPRUDENCE DE LA COUR IMPÉRIALE
DU RESSORT.</td></tr>
</table>

JUGEMENTS ET JURISPRUDENCE DU TRIBUNAL CIVIL DU RESSORT.

OBSERVATIONS DIVERSES.

jury que tout vote doit avoir lieu au scrutin secret. Il fait retirer l'accusé de l'auditoire. »

342. Les questions étant posées et remises aux jurés, ils se rendront dans leur chambre pour y délibérer. — Leur chef sera le premier juré sorti par le sort, ou celui qui sera désigné par eux et du consentement de ce dernier. — Avant de commencer la délibération, le chef des jurés leur fera lecture de l'instruction suivante, qui sera, en outre, affichée en gros caractères dans le lieu le plus apparent de leur chambre :
« La loi ne demande pas compte aux jurés des
« moyens par lesquels ils se sont convaincus;
« elle ne leur prescrit point de règles desquelles
« ils doivent faire particulièrement dépendre la
« plénitude et la suffisance d'une preuve ; elle
« leur prescrit de s'interroger eux-mêmes dans
« le silence et le recueillement, et de chercher,
« dans la sincérité de leur conscience, quelle
« impression ont faite sur leur raison les preuves
« rapportées contre l'accusé, et les moyens de
« sa défense. La loi ne leur dit point : *Vous*
« *tiendrez pour vrai tout fait attesté par tel*
« *ou tel nombre de témoins;* elle ne leur dit
« pas non plus : *Vous ne regarderez pas comme*
« *suffisamment établie toute preuve qui ne sera*
« *pas formée de tel procès-verbal, de telles*
« *pièces, de tant de témoins ou de tant d'in-*
« *dices :* elle ne leur fait que cette seule ques-
« tion, qui renferme toute la mesure de leurs de-
« voirs : *Avez-vous une intime conviction?* — Ce
« qu'il est bien essentiel de ne pas perdre de vue,
« c'est que toute la délibération du jury porte sur
« l'acte d'accusation; c'est aux faits qui le consti-
« tuent et qui en dépendent, qu'ils doivent unique-
« ment s'attacher; et ils manquent à leur premier
« devoir, lorsque, pensant aux dispositions des lois
« pénales, ils considèrent les suites que pourra
« avoir, par rapport à l'accusé, la déclaration
« qu'ils ont à faire. Leur mission n'a pas pour
« objet la poursuite ni la punition des délits;
« ils ne sont appelés que pour décider si l'ac-
« cusé est, ou non, coupable du crime qu'on lui
« impute. »

343. Les jurés ne pourront sortir de leur chambre qu'après avoir formé leur déclaration. — L'entrée n'en pourra être permise pendant leur délibération, pour quelque cause que ce soit, que par le président et par écrit. — Le président est tenu de donner au chef de la gendarmerie de service l'ordre spécial et par écrit de faire garder les issues de leur chambre : ce chef

sera dénommé et qualifié dans l'ordre. — La cour pourra punir le juré contrevenant d'une amende de cinq cents francs au plus. Tout autre qui aura enfreint l'ordre, ou celui qui ne l'aura pas fait exécuter, pourra être puni d'un emprisonnement de vingt-quatre heures.

344. Les jurés délibéreront sur le fait principal, et ensuite sur chacune des circonstances.

345. « Le chef du jury lira successivement chacune des questions posées comme il est dit en l'article 336, et le vote aura lieu ensuite au scrutin secret, tant sur le fait principal et sur les circonstances aggravantes que sur l'existence des circonstances atténuantes. »

346. « Il sera procédé de même, et au scrutin secret, sur les questions qui seraient posées dans les cas prévus par les articles 339 et 340. »

347. « La décision du jury, tant contre l'accusé que sur les circonstances atténuantes, se forme à la majorité. La déclaration du jury constate cette majorité, sans que le nombre de voix puisse y être exprimé; le tout à peine de nullité. »

348. Les jurés rentreront ensuite dans l'auditoire, et reprendront leur place. — Le président leur demandera quel est le résultat de leur délibération. — Le chef du jury se lèvera, et, la main placée sur son cœur, il dira : « Sur mon « honneur et ma conscience, devant Dieu et de-« vant les hommes, la déclaration du jury est : « Oui, l'accusé, etc. Non, l'accusé, etc. »

349. La déclaration du jury sera signée par le chef et remise par lui au président, le tout en présence des jurés. — Le président la signera et la fera signer par le greffier.

350. La déclaration du jury ne pourra jamais être soumise à aucun recours.

351. *Abrogé par la loi du 4 mars* 1831, *art.* 4.

352. « Dans le cas où l'accusé est reconnu coupable, et si la cour est convaincue que les jurés, tout en observant les formes, se sont trompés au fond, elle déclare qu'il est sursis au jugement et renvoie l'affaire à la session suivante, pour y être soumise à un nouveau jury, dont ne peut faire partie aucun des jurés qui ont pris part à la déclaration annulée. — Nul n'a le droit de provoquer cette mesure. La cour ne

peut l'ordonner que d'office, immédiatement après que la déclaration du jury a été prononcée publiquement. — Après la déclaration du second jury, la cour ne peut ordonner un nouveau renvoi, même quand cette déclaration serait conforme à la première. »

353. L'examen et les débats, une fois entamés, devront être continués sans interruption, et sans aucune espèce de communication au dehors, jusqu'après la déclaration du jury inclusivement. Le président ne pourra les suspendre que pendant les intervalles nécessaires pour le repos des juges, des jurés, des témoins et des accusés.

354. Lorsqu'un témoin qui aura été cité ne comparaîtra pas, la cour pourra, sur la réquisition du procureur général, et avant que les débats soient ouverts par la déposition du premier témoin inscrit sur la liste, renvoyer l'affaire à la prochaine session.

355. Si, à raison de la non-comparution du témoin, l'affaire est renvoyée à la session suivante, tous les frais de citation, actes, voyages de témoins, et autres ayant pour objet de faire juger l'affaire, seront à la charge de ce témoin, et il y sera contraint, même par corps, sur la réquisition du procureur général, par l'arrêt qui renverra les débats à la session suivante. — Le même arrêt ordonnera, de plus, que ce témoin sera amené par la force publique devant la cour pour y être entendu. — Et néanmoins, dans tous les cas, le témoin qui ne comparaîtra pas, ou qui refusera soit de prêter serment, soit de faire sa déposition, sera condamné à la peine portée en l'article 80.

356. La voie de l'opposition sera ouverte contre ces condamnations, dans les dix jours de la signification qui en aura été faite au témoin condamné ou à son domicile, outre un jour par cinq myriamètres; et l'opposition sera reçue s'il prouve qu'il a été légitimement empêché, ou que l'amende contre lui prononcée doit être modérée.

357. Le président fera comparaître l'accusé, et le greffier lira en sa présence la déclaration du jury.

358. Lorsque l'accusé aura été déclaré non coupable, le président prononcera qu'il est ac-

---

ARRÊTS ET JURISPRUDENCE DE LA COUR DE CASSATION.	ARRÊTS ET JURISPRUDENCE DE LA COUR IMPÉRIALE DU RESSORT.

JUGEMENTS ET JURISPRUDENCE DU TRIBUNAL CIVIL DU RESSORT.

OBSERVATIONS DIVERSES.

quitté de l'accusation, et ordonnera qu'il soit mis en liberté, s'il n'est retenu pour autre cause. — La cour statuera ensuite sur les dommages-intérêts respectivement prétendus, après que les parties auront opposé leurs fins de non-recevoir ou leurs défenses, et que le procureur général aura été entendu. — La cour pourra néanmoins, si elle le juge convenable, commettre l'un des juges pour entendre les parties, prendre connaissance des pièces, et faire son rapport à l'audience, où les parties pourront encore présenter leurs observations, et où le ministère public sera entendu de nouveau. — L'accusé acquitté pourra aussi obtenir des dommages-intérêts contre ses dénonciateurs, pour fait de calomnie; sans néanmoins que les membres des autorités constituées puissent être ainsi poursuivis à raison des avis qu'ils sont tenus de donner, concernant les délits dont ils ont cru acquérir la connaissance dans l'exercice de leurs fonctions, et sauf contre eux la demande en prise à partie, s'il y a lieu. — Le procureur général sera tenu, sur la réquisition de l'accusé, de lui faire connaître ses dénonciateurs.

359. Les demandes en dommages-intérêts, formées soit par l'accusé contre ses dénonciateurs ou la partie civile, soit par la partie civile contre l'accusé ou le condamné, seront portées à la cour d'assises. — La partie civile est tenue de former sa demande en dommages-intérêts avant le jugement; plus tard, elle sera non recevable. — Il en est de même de l'accusé, s'il a connu son dénonciateur. — Dans le cas où l'accusé n'aurait connu son dénonciateur que depuis le jugement, mais avant la fin de la session, il sera tenu, sous peine de déchéance, de porter sa demande à la cour d'assises; s'il ne l'a connu qu'après la clôture de la session, sa demande sera portée au tribunal civil. — A l'égard des tiers qui n'auraient pas été partie au procès, ils s'adresseront au tribunal civil.

360. Toute personne acquittée légalement ne pourra plus être reprise ni accusée à raison du même fait.

361. Lorsque, dans le cours des débats, l'accusé aura été inculpé sur un autre fait, soit par des pièces, soit par les dépositions des témoins, le président, après avoir prononcé qu'il est acquitté de l'accusation, ordonnera qu'il soit poursuivi à raison du nouveau fait : en conséquence, il le renverra en état de mandat de comparution ou d'amener, suivant les distinctions établies par l'article 91, et même en état de mandat d'arrêt, s'il y échet, devant le juge d'instruction de l'arrondissement où siége la cour, pour être procédé à une nouvelle instruction. — Cette disposition ne sera toutefois exécutée que dans le cas où, avant la clôture des débats, le ministère public aura fait des réserves à fin de poursuite.

362. Lorsque l'accusé aura été déclaré coupable, le procureur général fera sa réquisition à la cour pour l'application de la loi. — La partie civile fera la sienne pour restitution et dommages-intérêts.

363. Le président demandera à l'accusé s'il n'a rien à dire pour sa défense. — L'accusé ni son conseil ne pourront plus plaider que le fait est faux, mais seulement qu'il n'est pas défendu ou qualifié délit par la loi, ou qu'il ne mérite pas la peine dont le procureur général a requis l'application, ou qu'il n'emporte pas de dommages-intérêts au profit de la partie civile, ou enfin que celle-ci élève trop haut les dommages-intérêts qui lui sont dus.

364. La cour prononcera l'absolution de l'accusé, si le fait dont il est déclaré coupable n'est pas défendu par une loi pénale.

365. Si ce fait est défendu, la cour prononcera la peine établie par la loi, même dans le cas où, d'après les débats, il se trouverait n'être plus de la compétence de la cour d'assises. — En cas de conviction de plusieurs crimes ou délits, la peine la plus forte sera seule prononcée.

366. Dans le cas d'absolution, comme dans celui d'acquittement ou de condamnation, la cour statuera sur les dommages-intérêts prétendus par la partie civile ou par l'accusé; elle les liquidera par le même arrêt, ou commettra l'un des juges pour entendre les parties, prendre connaissance des pièces, et faire du tout son rapport, ainsi qu'il est dit article 358. — La cour ordonnera aussi que les effets pris seront restitués au propriétaire. — Néanmoins, s'il y a eu condamnation, cette restitution ne sera faite qu'en justifiant, par le propriétaire, que le condamné a laissé passer les délais sans se pourvoir en cassation, ou, s'il s'est pourvu, que l'affaire est définitivement terminée.

367. Lorsque l'accusé aura été déclaré excu-

sable, la cour prononcera conformément au Code pénal.

368. « L'accusé ou la partie civile qui succombera sera condamné aux frais envers l'Etat et envers l'autre partie. — Dans les affaires soumises au jury, la partie civile qui n'aura pas succombé ne sera jamais tenue des frais. — Dans le cas où elle en aura consigné, en exécution du décret du 18 juin 1811, ils lui seront restitués. »

369. Les juges délibéreront et opineront à voix basse; ils pourront, pour cet effet, se retirer dans la chambre du conseil; mais l'arrêt sera prononcé à haute voix par le président, en présence du public et de l'accusé. — Avant de le prononcer, le président est tenu de lire le texte de la loi sur laquelle il est fondé. — Le greffier écrira l'arrêt; il y insérera le texte de la loi appliquée, sous peine de cent francs d'amende.

370. La minute de l'arrêt sera signée par les juges qui l'auront rendu, à peine de cent francs d'amende contre le greffier, et, s'il y a lieu, de prise à partie tant contre le greffier que contre les juges. — Elle sera signée dans les vingt-quatre heures de la prononciation de l'arrêt.

371. Après avoir prononcé l'arrêt, le président pourra, selon les circonstances, exhorter l'accusé à la fermeté, à la résignation, ou à réformer sa conduite. — Il l'avertira de la faculté qui lui est accordée de se pourvoir en cassation, et du terme dans lequel l'exercice de cette faculté est circonscrit.

372. « Le greffier dressera un procès-verbal de la séance, à l'effet de constater que les formalités prescrites ont été observées. — Il ne sera fait mention au procès-verbal, ni des réponses des accusés, ni du contenu aux dépositions, sans préjudice toutefois de l'exécution de l'article 318 concernant les changements, variations et contradictions dans les déclarations des témoins. — Le procès-verbal sera signé par le président et le greffier, et ne pourra être imprimé à l'avance. — Les dispositions du présent article seront exécutées à peine de nullité. — Le défaut de procès-verbal et l'inexécution des dispositions du troisième paragraphe qui précède seront punis de cinq cents francs d'amende contre le greffier. »

373. Le condamné aura trois jours francs après celui où son arrêt lui aura été prononcé, pour déclarer au greffe qu'il se pourvoit en cas-

ARRÊTS ET JURISPRUDENCE DE LA COUR DE CASSATION.	ARRÊTS ET JURISPRUDENCE DE LA COUR IMPÉRIALE DU RESSORT.

JUGEMENTS ET JURISPRUDENCE DU TRIBUNAL CIVIL DU RESSORT.

OBSERVATIONS DIVERSES.

sation. — Le procureur général pourra, dans le même délai, déclarer au greffe qu'il demande la cassation de l'arrêt.—La partie civile aura aussi le même délai ; mais elle ne pourra se pourvoir que quant aux dispositions relatives à ses intérêts civils. — Pendant ces trois jours, et s'il y a eu recours en cassation ; jusqu'à la réception de l'arrêt de la cour de cassation, il sera sursis à l'exécution de l'arrêt de la cour.

374. Dans les cas prévus par les articles 409 et 412 du présent Code, le procureur général ou la partie civile n'auront que vingt-quatre heures pour se pourvoir.

375. La condamnation sera exécutée dans les vingt-quatre heures qui suivront les délais mentionnés en l'article 373, s'il n'y a point de recours en cassation; ou, en cas de recours, dans les vingt-quatre heures de la réception de l'arrêt de la cour de cassation qui aura rejeté la demande.

376. La condamnation sera exécutée par les ordres du procureur général ; il aura le droit de requérir directement pour cet effet l'assistance de la force publique.

377. Si le condamné veut faire une déclaration, elle sera reçue par un des juges du lieu de l'exécution, assisté du greffier.

378. Le procès-verbal d'exécution sera, sous peine de cent francs d'amende, dressé par le greffier, et transcrit par lui, dans les vingt-quatre heures, au pied de la minute de l'arrêt. La transcription sera signée par lui ; et il fera mention du tout, sous la même peine, en marge du procès-verbal. Cette mention sera également signée, et la transcription fera preuve comme le procès-verbal même.

379. Lorsque, pendant les débats qui auront précédé l'arrêt de condamnation, l'accusé aura été inculpé, soit par des pièces, soit par des dépositions de témoins, sur d'autres crimes que ceux dont il était accusé, si ces crimes nouvellement manifestés méritent une peine plus grave que les premiers, ou si l'accusé a des complices en état d'arrestation , la cour ordonnera qu'il soit poursuivi à raison de ces nouveaux faits, suivant les formes prescrites par le présent Code. — Dans ces deux cas, le procureur général surseoira à l'exécution de l'arrêt qui a prononcé la première condamnation , jusqu'à ce qu'il ait été statué sur le second procès.

380. Toutes les minutes des arrêts rendus aux assises seront réunies et déposées au greffe du tribunal de première instance du chef-lieu du département. — Sont exceptées les minutes des arrêts rendus par la cour d'assises du département où siége la cour impériale , lesquelles resteront déposées au greffe de ladite cour.

CHAP. V. — DU JURY ET DE LA MANIÈRE DE LE FORMER (modifié par la loi des 4-10 juin 1853).

SECT. 1. — *Du jury.*

381. Nul ne peut remplir les fonctions de juré, s'il n'a trente ans accomplis et s'il ne jouit des droits politiques et civils, à peine de nullité. — Les jurés seront pris parmi les membres des colléges électoraux et parmi les personnes désignées dans les paragraphes 3 et suivants de l'article 382.

382. Le 1er août de chaque année, le préfet de chaque département dressera une liste qui sera divisée en deux parties : — La première partie sera rédigée conformément à l'article 3 de la loi du 29 juin 1820, et comprendra toutes les personnes qui rempliront les conditions requises pour faire partie des colléges électoraux du département. — La seconde partie comprendra, — 1° Les électeurs qui, ayant leur domicile réel dans le département, exerceraient leurs droits électoraux dans un autre département ; — 2° Les fonctionnaires publics nommés par l'Empereur et exerçant des fonctions gratuites; — 3° Les officiers des armées de terre et de mer en retraite ; — 4° Les docteurs et licenciés de l'une ou de plusieurs des facultés de droit, des sciences et des lettres ; les docteurs en médecine ; les membres et correspondants de l'Institut; les membres des autres sociétés savantes reconnues par l'Empereur ; — 5° Les notaires après trois ans d'exercice de leurs fonctions. — Les officiers des armées de terre et de mer en retraite ne seront portés dans la liste générale qu'après qu'il aura été justifié qu'ils jouissent d'une pension de retraite de douze cents francs au moins, et qu'ils ont depuis cinq ans un domicile réel dans le département. — Les licenciés de l'une des facultés de droit, des sciences et des lettres, qui ne seraient pas inscrits sur le tableau des avocats et des avoués près les cours et tribunaux, ou qui ne seraient pas chargés de l'enseignement de quelqu'une des matières apparte-

nant à la faculté où ils auront pris leur licence, ne seront portés sur la liste générale qu'après qu'il aura été justifié qu'ils ont depuis dix ans un domicile réel dans le département. — Dans les départements où les deux parties de la liste ne comprendraient pas huit cents individus, ce nombre sera complété par une liste supplémentaire, formée des individus les plus imposés parmi ceux qui n'auront pas été inscrits sur la première.

383. Les fonctions de juré sont incompatibles avec celles de ministre, de préfet, de sous-préfet, de juge, de procureur général, de procureur impérial et de leurs substituts. — Elles sont également incompatibles avec celles de ministre d'un culte quelconque. — Les conseillers d'État chargés d'une partie d'administration, les commissaires impériaux près les administrations ou régies, les septuagénaires, seront dispensés, s'ils le requièrent.

384. Les listes dressées en exécution de l'article 382 seront affichées au chef-lieu de chaque commune au plus tard le 15 août, et seront arrêtées et closes le 30 septembre.—Un exemplaire en sera déposé et conservé au secrétariat des mairies, des sous-préfectures et des préfectures, pour être donné en communication à toutes les personnes qui le requerront. — Il sera statué, suivant le mode établi par les articles 5 et 6 de la loi du 5 février 1817, sur les réclamations qui seraient formées contre la rédaction des listes.— Ces réclamations seront inscrites au secrétariat général de la préfecture, selon l'ordre et la date de leur réception. — Elles seront formées par simple mémoire et sans frais.

385. Nul ne pourra cesser de faire partie des listes prescrites par l'article 382 qu'en vertu d'une décision motivée ou d'un jugement, contre lequel le recours ou l'appel auront un effet suspensif.

386. Lorsque les colléges électoraux seront convoqués, la première partie de la dernière liste qui aura été arrêtée le 30 septembre précédent, en exécution de l'article 384, tiendra lieu de la liste prescrite par l'article 5 de la loi du 5 février 1817 et par l'article 3 de la loi du 29 juin 1820. — Les préfets feront imprimer et afficher, dans ce cas, un tableau de rectification contenant l'indication des individus qui auront acquis ou perdu, depuis la publication de la liste générale, les qualités exigées pour exercer les droits électoraux. S'il s'est écoulé plus de deux

ARRÊTS ET JURISPRUDENCE DE LA COUR DE CASSATION.	ARRÊTS ET JURISPRUDENCE DE LA COUR IMPÉRIALE DU RESSORT.

JUGEMENTS ET JURISPRUDENCE DU TRIBUNAL CIVIL DU RESSORT.

OBSERVATIONS DIVERSES.

mois depuis la clôture de la liste, les préfets en feront publier et afficher de nouveau la première partie avec le tableau de rectification. — Les réclamations de ceux qui auraient été omis dans la première partie de la liste arrêtée et close le 30 septembre, et qui auraient acquis les droits électoraux antérieurement à sa publication, ne seront admises qu'autant qu'elles auront été formées avant le 1er octobre.

387. Après le 30 septembre, les préfets extrairont, sous leur responsabilité, des listes générales, dressées en exécution de l'article 382, une liste pour le service du jury de l'année suivante. — Cette liste sera composée du quart des listes générales, sans pouvoir excéder le nombre de trois cents noms, si ce n'est dans le département de la Seine, où elle sera composée de quinze cents. — Elle sera transmise immédiatement par le préfet au ministre de la justice, au premier président de la cour impériale et au procureur général. — Nul ne sera porté deux ans de suite sur la liste prescrite par le présent article.

388. Dix jours au moins avant l'ouverture des assises, le premier président de la cour impériale tirera au sort, sur la liste transmise par le préfet, trente-six noms qui formeront la liste des jurés pour toute la durée de la session. — Il tirera en outre quatre jurés supplémentaires pris parmi les individus mentionnés au troisième paragraphe de l'article 393. — Le tirage sera fait en audience publique de la première chambre de la cour, ou de la chambre des vacations.

389. La liste entière ne sera point envoyée aux citoyens qui la composent ; mais le préfet notifiera à chacun d'eux l'extrait de la liste qui constate que son nom y est porté. Cette notification leur sera faite huit jours au moins avant celui où la liste doit servir. — Ce jour mentionné dans la notification, laquelle contiendra aussi une sommation de se trouver au jour indiqué, sous les peines portées au présent Code. — À défaut de notification à la personne, elle sera faite à son domicile, ainsi qu'à celui du maire ou de l'adjoint du lieu ; celui-ci est tenu de lui en donner connaissance.

390. Si parmi les quarante individus désignés par le sort, il s'en trouve un ou plusieurs qui, depuis la formation de la liste arrêtée en exécution de l'article 387, soient décédés ou aient été légalement privés des capacités exigées pour exercer les fonctions de juré, ou aient ac-

cepté un emploi incompatible avec ces fonctions, la cour, après avoir entendu le procureur général, procédera, séance tenante, à leur remplacement.—Ce remplacement aura lieu dans la forme déterminée par l'article 388.

391. La liste des jurés sera comme non avenue après le service pour lequel elle aura été formée. — Hors les cas d'assises extraordinaires, les jurés qui auront satisfait aux réquisitions prescrites par l'article 389, ne pourront être placés plus d'une fois dans la même année sur la liste formée en exécution de l'article 387.—Dans les cas d'assises extraordinaires, ils ne pourront être placés sur cette liste plus de deux fois dans la même année. — Ne seront pas considérés comme ayant satisfait auxdites réquisitions, ceux qui auront, avant l'ouverture de la session, fait admettre des excuses dont la cour d'assises aura jugé les causes temporaires. — Leurs noms, et ceux des jurés condamnés à l'amende pour la première ou deuxième fois, seront, immédiatement après la session, adressés au premier président de la cour impériale, qui les reportera sur la liste formée en exécution de l'article 387 ; et, s'il ne reste plus de tirage à faire pour la même année, ils seront ajoutés à la liste de l'année suivante.

392. Nul ne peut être juré dans la même affaire où il aura été officier de police judiciaire, témoin, interprète, expert, ou partie, à peine de nullité.

SECT. II. — *De la manière de former et de convoquer le jury.*

393. Au jour indiqué pour le jugement de chaque affaire, s'il y a moins de trente jurés présents, le nombre sera complété par les jurés supplémentaires mentionnés en l'article 388, lesquels seront appelés dans l'ordre de leur inscription sur la liste formée en vertu dudit article. — En cas d'insuffisance, le président désignera, en audience publique et par la voie du sort, les jurés qui devront compléter le nombre de trente. — Ils seront pris parmi ceux des individus inscrits sur la liste dressée en exécution de l'article 387, qui résideront dans la ville où se tiendront les assises, et subsidiairement parmi les autres habitants de cette ville qui seront compris dans les listes prescrites par l'article 382. — Les dispositions de l'article 391 ne s'appliquent pas aux

remplacements opérés en vertu du présent article.

394. Le nombre de douze jurés est nécessaire pour former un jury. — Lorsqu'un procès criminel paraîtra de nature à entraîner de longs débats, la cour d'assises pourra ordonner, avant le tirage de la liste des jurés, qu'indépendamment des douze jurés, il en sera tiré au sort un ou deux autres qui assisteront aux débats. — Dans le cas où l'un ou deux des douze jurés seraient empêchés de suivre les débats jusqu'à la déclaration définitive du jury, ils seront remplacés par les jurés suppléants. — Le remplacement se fera suivant l'ordre dans lequel les jurés suppléants auront été appelés par le sort.

395. La liste des jurés sera notifiée à chaque accusé, la veille du jour déterminé pour la formation du tableau : cette notification sera nulle, ainsi que tout ce qui aura suivi, si elle est faite plus tôt ou plus tard.

396. « Tout juré qui ne se sera pas rendu à son poste, sur la citation qui lui aura été notifiée, sera condamné par la cour d'assises à une amende, laquelle sera, — pour la première fois, de cinq cents francs ;—pour la seconde, de mille francs ; — et pour la troisième, de quinze cents francs.— Cette dernière fois, il sera de plus déclaré incapable d'exercer à l'avenir les fonctions de juré. L'arrêt sera imprimé et affiché à ses frais. »

397. Seront exceptés ceux qui justifieront qu'ils étaient dans l'impossibilité de se rendre au jour indiqué. — La cour prononcera sur la validité de l'excuse.

398. Les peines portées en l'article 396 sont applicables à tout juré qui, même s'étant rendu à son poste, se retirerait avant l'expiration de ses fonctions, sans une excuse valable, qui sera également jugée par la cour.

399. « Au jour indiqué, et pour chaque affaire, l'appel des jurés non excusés et non dispensés sera fait avant l'ouverture de l'audience, en leur présence, et en présence de l'accusé et du procureur général. — Le nom de chaque juré répondant à l'appel sera déposé dans une urne. — L'accusé premièrement ou son conseil, et le procureur général, récuseront tels jurés qu'ils jugeront à propos, à mesure que leurs noms sortiront de l'urne, sauf la limitation exprimée ci-après. — L'accusé, son conseil, ni le procureur général, ne pourront exposer leurs motifs

ARRÊTS ET JURISPRUDENCE DE LA COUR DE CASSATION.	ARRÊTS ET JURISPRUDENCE DE LA COUR IMPÉRIALE DU RESSORT.

JUGEMENTS ET JURISPRUDENCE DU TRIBUNAL CIVIL DU RESSORT.

OBSERVATIONS DIVERSES.

de récusation. — Le jury de jugement sera formé à l'instant où il sera sorti de l'urne douze noms de jurés non récusés. »

400. Les récusations que pourront faire l'accusé et le procureur général s'arrêteront lorsqu'il ne restera que douze jurés.

401. L'accusé et le procureur général pourront exercer un égal nombre de récusations; et cependant, si les jurés sont en nombre impair, les accusés pourront exercer une récusation de plus que le procureur général.

402. S'il y a plusieurs accusés, ils pourront se concerter pour exercer leurs récusations; ils pourront les exercer séparément. — Dans l'un et l'autre cas, ils ne pourront excéder le nombre de récusations déterminé pour un seul accusé par les articles précédents.

403. Si les accusés ne se concertent pas pour récuser, le sort réglera entre eux le rang dans lequel ils feront les récusations. Dans ce cas, les jurés récusés par un seul, et dans cet ordre, le seront pour tous, jusqu'à ce que le nombre des récusations soit épuisé.

404. Les accusés pourront se concerter pour exercer une partie des récusations, sauf à exercer le surplus suivant le rang fixé par le sort.

405. L'examen de l'accusé commencera immédiatement après la formation du tableau.

406. Si, par quelque événement, l'examen des accusés sur les délits ou sur quelques-uns des délits compris dans l'acte ou dans les actes d'accusation est renvoyé à la session suivante, il sera fait une autre liste; il sera procédé à de nouvelles récusations, et à la formation d'un nouveau tableau de douze jurés, d'après les règles prescrites ci-dessus, à peine de nullité.

TITRE TROISIÈME.

DES MANIÈRES DE SE POURVOIR CONTRE LES ARRÊTS OU JUGEMENTS.

(Loi décrétée le 10 décembre 1808. Promulguée le 20.)

CHAP. I. — DES NULLITÉS DE L'INSTRUCTION ET DU JUGEMENT.

407. Les arrêts et jugements rendus en dernier ressort, en matière criminelle, correctionnelle ou de police, ainsi que l'instruction et les poursuites qui les auront précédés, pourront être annulés dans les cas suivants, et sur des recours dirigés d'après les distinctions qui vont être établies (art. 408 à 417).

§ 1. — Matières criminelles.

408. Lorsque l'accusé aura subi une condamnation, et que, soit dans l'arrêt de la cour impériale qui aura ordonné son renvoi devant une cour d'assises, soit dans l'instruction et la procédure qui auront été faites devant cette dernière cour, soit dans l'arrêt même de condamnation, il y aura eu violation ou omission de quelques-unes des formalités que le présent Code prescrit sous peine de nullité, cette omission ou violation donnera lieu, sur la poursuite de la partie condamnée ou du ministère public, à l'annulation de l'arrêt de condamnation et de ce qui l'a précédé, à partir du plus ancien acte nul. — Il en sera de même, tant dans les cas d'incompétence que lorsqu'il aura été omis ou refusé de prononcer, soit sur une ou plusieurs demandes de l'accusé, soit sur une ou plusieurs réquisitions du ministère public, tendant à user d'une faculté ou d'un droit accordé par la loi, bien que la peine de nullité ne fût pas textuellement attachée à l'absence de la formalité dont l'exécution aura été demandée ou requise.

409. Dans le cas d'acquittement de l'accusé, l'annulation de l'ordonnance qui l'aura prononcé et de ce qui l'aura précédé ne pourra être poursuivie par le ministère public que dans l'intérêt de la loi et sans préjudicier à la partie acquittée.

410. Lorsque la nullité procédera de ce que l'arrêt aura prononcé une peine autre que celle appliquée par la loi à la nature du crime, l'annulation de l'arrêt pourra être poursuivie tant par le ministère public que par la partie condamnée. — La même action appartiendra au ministère public contre les arrêts d'absolution mentionnés en l'article 364, si l'absolution a été prononcée sur le fondement de la non-existence d'une loi pénale, qui pourtant aurait existé.

411. Lorsque la peine prononcée sera la même que celle portée par la loi qui s'applique au crime, nul ne pourra demander l'annulation de l'arrêt, sous le prétexte qu'il y aurait erreur dans la citation du texte de la loi.

412. Dans aucun cas, la partie civile ne pourra poursuivre l'annulation d'une ordonnance d'acquittement ou d'un arrêt d'absolution; mais, si l'arrêt a prononcé contre elle des condamnations civiles supérieures aux demandes de la partie acquittée ou absoute, cette disposition de l'arrêt pourra être annulée, sur la demande de la partie civile.

§ 2. — Matières correctionnelles et de police.

413. Les voies d'annulation exprimées en l'article 408 sont, en matière correctionnelle et de police, respectivement ouvertes à la partie poursuivie pour un délit ou une contravention, au ministère public, et à la partie civile, s'il y en a une, contre tous arrêts ou jugements en dernier ressort, sans distinction de ceux qui ont prononcé le renvoi de la partie ou sa condamnation. — Néanmoins, lorsque le renvoi de cette partie aura été prononcé, nul ne pourra se prévaloir contre elle de la violation ou omission des formes prescrites pour assurer sa défense.

414. La disposition de l'article 411 est applicable aux arrêts et jugements en dernier ressort rendus en matière correctionnelle et de police.

§ 3. — Disposition commune aux deux paragraphes précédents.

415. Dans le cas où, soit la cour de cassation, soit une cour impériale, annulera une instruction, elle pourra ordonner que les frais de la procédure à recommencer seront à la charge de l'officier ou juge instructeur qui aura commis la nullité. — Néanmoins la présente disposition n'aura lieu que pour des fautes très-graves, et à l'égard seulement des nullités qui seront commises deux ans après la mise en activité du présent Code.

CHAP. II. — DES DEMANDES EN CASSATION.

416. Le recours en cassation contre les arrêts préparatoires et d'instruction, ou les jugements en dernier ressort de cette qualité, ne sera ouvert qu'après l'arrêt ou jugement définitif: l'exécution volontaire de tels arrêts ou jugements préparatoires ne pourra en aucun cas être opposée comme fin de non-recevoir. — La présente dispo-

ARRÊTS ET JURISPRUDENCE DE LA COUR DE CASSATION.	ARRÊTS ET JURISPRUDENCE DE LA COUR IMPÉRIALE DU RESSORT.

JUGEMENTS ET JURISPRUDENCE DU TRIBUNAL CIVIL DU RESSORT.

OBSERVATIONS DIVERSES.

sition ne s'applique point aux arrêts ou jugements rendus sur la compétence.

417. La déclaration de recours sera faite au greffier par la partie condamnée, et signée d'elle et du greffier; et si le déclarant ne peut ou ne veut signer, le greffier en fera mention. — Cette déclaration pourra être faite, dans la même forme, par l'avoué de la partie condamnée ou par un fondé de pouvoir spécial ; dans ce dernier cas, le pouvoir demeurera annexé à la déclaration. — Elle sera inscrite sur un registre à ce destiné ; ce registre sera public, et toute personne aura le droit de s'en faire délivrer des extraits.

418. Lorsque le recours en cassation contre un arrêt ou jugement en dernier ressort, rendu en matière criminelle, correctionnelle ou de police. sera exercé soit par la partie civile, s'il y en a une, soit par le ministère public, ce recours, outre l'inscription énoncée dans l'article précédent, sera notifié à la partie contre laquelle il sera dirigé, dans le délai de trois jours. — Lorsque cette partie sera actuellement détenue, l'acte contenant la déclaration de recours lui sera lu par le greffier : elle le signera ; et, si elle ne le peut ou ne le veut, le greffier en fera mention. — Lorsqu'elle sera en liberté, le demandeur en cassation lui notifiera son recours par le ministère d'un huissier, soit à sa personne, soit au domicile par elle élu : le délai sera, en ce cas, augmenté d'un jour par chaque distance de trois myriamètres.

419. La partie civile qui se sera pourvue en cassation est tenue de joindre aux pièces une expédition authentique de l'arrêt. — Elle est tenue, à peine de déchéance, de consigner une amende de cent cinquante francs, ou de la moitié de cette somme si l'arrêt est rendu par contumace ou par défaut.

420. Sont dispensés de l'amende, 1° les condamnés en matière criminelle ; 2° les agents publics pour affaires qui concernent directement l'administration et les domaines ou revenus de l'État. — A l'égard de toutes autres personnes, l'amende sera encourue par celles qui succomberont dans leur recours. Seront néanmoins dispensées de la consigner celles qui joindront à leur demande en cassation, 1° un extrait du rôle des contributions constatant qu'elles payent moins de six francs, ou un certificat du percepteur de leur commune portant qu'elles ne sont point imposées ; 2° un certificat d'indigence à elles délivré par le maire de la commune de leur domicile ou par son adjoint, visé par le sous-préfet et approuvé par le préfet de leur département.

421. Les condamnés, même en matière correctionnelle ou de police, à une peine emportant privation de la liberté, ne seront pas admis à se pourvoir en cassation lorsqu'ils ne seront pas actuellement en état, ou lorsqu'ils n'auront pas été mis en liberté sous caution. — L'acte de leur écrou ou de leur mise en liberté sous caution sera annexé à l'acte de recours en cassation. — Néanmoins, lorsque le recours en cassation sera motivé sur l'incompétence, il suffira au demandeur, pour que son recours soit reçu, de justifier qu'il s'est actuellement constitué dans la maison de justice du lieu où siége la cour de cassation : le gardien de cette maison pourra l'y recevoir sur la représentation de sa demande adressée au procureur général près cette cour, et visée par ce magistrat.

422. Le condamné ou la partie civile, soit en faisant sa déclaration, soit dans les dix jours suivants, pourra déposer au greffe de la cour ou du tribunal qui aura rendu l'arrêt ou le jugement attaqué une requête contenant ses moyens de cassation. Le greffier lui en donnera reconnaissance et remettra sur-le-champ cette requête au magistrat chargé du ministère public.

423. Après les dix jours qui suivront la déclaration, ce magistrat fera passer au ministre de la justice les pièces du procès et les requêtes des parties, si elles en ont déposé. — Le greffier de la cour ou du tribunal qui aura rendu l'arrêt ou le jugement attaqué rédigera sans frais et joindra un inventaire des pièces, sous peine de cent francs d'amende, laquelle sera prononcée par la cour de cassation.

424. Dans les vingt-quatre heures de la réception de ces pièces, le ministre de la justice les adressera à la cour de cassation, et il en donnera avis au magistrat qui les lui aura transmises. — Les condamnés pourront aussi transmettre directement au greffe de la cour de cassation, soit leurs requêtes, soit les expéditions ou copies signifiées tant de l'arrêt ou du jugement que de leurs demandes en cassation ; néanmoins la partie civile ne pourra user du bénéfice de la présente disposition sans le ministère d'un avocat à la cour de cassation.

425. La cour de cassation, en toute affaire criminelle, correctionnelle ou de police, pourra statuer sur le recours en cassation aussitôt après l'expiration des délais portés au présent chapitre, et devra y statuer dans le mois au plus tard, à compter du jour où ces délais seront expirés.

426. La cour de cassation rejettera la demande ou annulera l'arrêt ou le jugement sans qu'il soit besoin d'un arrêt préalable d'admission.

427. Lorsque la cour de cassation annulera un arrêt ou un jugement rendu, soit en matière correctionnelle, soit en matière de police, elle renverra le procès et les parties devant une cour ou un tribunal de même qualité que celui qui aura rendu l'arrêt ou le jugement annulé.

428. Lorsque la cour de cassation annulera un arrêt rendu en matière criminelle, il sera procédé comme il est dit aux sept articles suivants.

429. La cour de cassation prononcera le renvoi du procès, savoir : — Devant une cour impériale autre que celle qui aura réglé la compétence et prononcé la mise en accusation, si l'arrêt est annulé pour l'une des causes exprimées en l'article 299 ; — Devant une cour d'assises autre que celle qui aura rendu l'arrêt, si l'arrêt et l'instruction sont annulés pour cause de nullités commises à la cour d'assises ; — Devant un tribunal de première instance autre que celui auquel aura appartenu le juge d'instruction, si l'arrêt et l'instruction sont annulés aux chefs seulement qui concernent les intérêts civils : dans ce cas, le tribunal sera saisi sans citation préalable en conciliation. — Si l'arrêt et la procédure sont annulés pour cause d'incompétence, la cour de cassation renverra le procès devant les juges qui doivent en connaître, et les désignera : toutefois, si la compétence se trouvait appartenir au tribunal de première instance où siége le juge qui aurait fait la première instruction, le renvoi sera fait à un autre tribunal de première instance. — Lorsque l'arrêt sera annulé parce que le fait qui aura donné lieu à une condamnation se trouvera n'être pas un délit qualifié par la loi, le renvoi, s'il y a une partie civile, sera fait devant un tribunal de première instance autre que celui auquel aura appartenu le juge d'instruction ; et, s'il n'y a pas de partie civile, aucun renvoi ne sera prononcé.

430. Dans tous les cas où la cour de cassa-

EXTRAITS DES CODES ANNOTÉS DE SIREY ET AUTRES AUTEURS.

<table>
<tr><td>ARRÊTS ET JURISPRUDENCE DE LA COUR
DE CASSATION.</td><td>ARRÊTS ET JURISPRUDENCE DE LA COUR IMPÉRIALE
DU RESSORT.</td></tr>
</table>

JUGEMENTS ET JURISPRUDENCE DU TRIBUNAL CIVIL DU RESSORT.

OBSERVATIONS DIVERSES.

tion est autorisée à choisir une cour ou un tribunal pour le jugement d'une affaire renvoyée, ce choix ne pourra résulter que d'une délibération spéciale prise en la chambre du conseil, immédiatement après la prononciation de l'arrêt de cassation, et dont il sera fait mention expresse dans cet arrêt.

431. Les nouveaux juges d'instruction auxquels il pourrait être fait des délégations pour compléter l'instruction des affaires renvoyées ne pourront être pris parmi les juges d'instruction établis dans le ressort de la cour dont l'arrêt aura été annulé.

432. Lorsque le renvoi aura été fait à une cour impériale, celle-ci, après avoir réparé l'instruction en ce qui la concerne, désignera, dans son ressort, la cour d'assises par laquelle le procès devra être jugé.

433. Lorsque le procès aura été renvoyé devant une cour d'assises, et qu'il y aura des complices qui ne seront pas en état d'accusation, cette cour commettra un juge d'instruction, et le procureur général l'un de ses substituts, pour faire, chacun en ce qui le concerne, l'instruction, dont les pièces seront ensuite adressées à la cour impériale, qui prononcera s'il y a lieu, ou non, à la mise en accusation.

434. Si l'arrêt a été annulé pour avoir prononcé une peine autre que celle que la loi applique à la nature du crime, la cour d'assises à qui le procès sera renvoyé rendra son arrêt sur la déclaration déjà faite par le jury. — Si l'arrêt a été annulé pour autre cause, il sera procédé à de nouveaux débats devant la cour d'assises à laquelle le procès sera renvoyé. — La cour de cassation n'annulera qu'une partie de l'arrêt, lorsque la nullité ne viciera qu'une ou quelques-unes de ses dispositions.

435. L'accusé dont la condamnation aura été annulée, et qui devra subir un nouveau jugement au criminel, sera traduit, soit en état d'arrestation, soit en exécution de l'ordonnance de prise de corps, devant la cour impériale ou d'assises à qui son procès sera renvoyé.

436. La partie civile qui succombera dans son recours, soit en matière criminelle, soit en matière correctionnelle ou de police, sera condamnée à une indemnité de cent cinquante francs, et aux frais envers la partie acquittée, absoute ou renvoyée : la partie civile sera de plus condamnée, envers l'État, à une amende de cent cinquante francs, ou de soixante-quinze francs seulement si l'arrêt ou le jugement a été rendu par contumace ou par défaut. — Les administrations ou régies de l'État et les agents publics qui succomberont ne seront condamnés qu'aux frais et à l'indemnité.

437. Lorsque l'arrêt ou le jugement aura été annulé, l'amende consignée sera rendue sans aucun délai, en quelques termes que soit conçu l'arrêt qui aura statué sur le recours, et quand même il aurait omis d'en ordonner la restitution.

438. Lorsqu'une demande en cassation aura été rejetée, la partie qui l'avait formée ne pourra plus se pourvoir en cassation contre le même arrêt ou jugement, sous quelque prétexte et par quelque moyen que ce soit.

439. L'arrêt qui aura rejeté la demande en cassation sera délivré dans les trois jours au procureur général près la cour de cassation, par simple extrait signé du greffier, lequel sera adressé au ministre de la justice, et envoyé par celui-ci au magistrat chargé du ministère public près la cour ou le tribunal qui aura rendu l'arrêt ou le jugement attaqué.

440. Lorsqu'après une première cassation le second arrêt ou jugement sur le fond sera attaqué par les mêmes moyens, il sera procédé selon les formes prescrites par la loi du 16 septembre 1807.

441. Lorsque, sur l'exhibition d'un ordre formel à lui donné par le ministre de la justice, le procureur général près la cour de cassation dénoncera à la section criminelle des actes judiciaires, arrêts ou jugements contraires à la loi, ces actes, arrêts ou jugements pourront être annulés, et les officiers de police ou les juges poursuivis, s'il y a lieu, de la manière exprimée au chapitre III du titre IV du présent livre (art. 479 à 503).

442. Lorsqu'il aura été rendu par une cour impériale ou d'assises, ou par un tribunal correctionnel ou de police, un arrêt ou jugement en dernier ressort, sujet à cassation, et contre lequel néanmoins aucune des parties n'aurait réclamé dans le délai déterminé, le procureur général près la cour de cassation pourra aussi d'office, et nonobstant l'expiration du délai, en donner connaissance à la cour de cassation : l'arrêt ou le jugement sera cassé, sans que les parties puissent s'en prévaloir pour s'opposer à son exécution.

CHAP. III. — DES DEMANDES EN RÉVISION.

443. Lorsqu'un accusé aura été condamné pour un crime, et qu'un autre accusé aura aussi été condamné par un autre arrêt comme auteur du même crime, si les deux arrêts ne peuvent se concilier, et sont la preuve de l'innocence de l'un ou de l'autre condamné, l'exécution des deux arrêts sera suspendue, quand même la demande en cassation de l'un ou de l'autre arrêt aurait été rejetée. — Le ministre de la justice, soit d'office, soit sur la réclamation des condamnés ou de l'un d'eux, ou du procureur général, chargera le procureur général près la cour de cassation, de dénoncer les deux arrêts à cette cour. — Ladite cour, section criminelle, après avoir vérifié que les deux condamnations ne peuvent se concilier, cassera les deux arrêts, et renverra les accusés, pour être procédé sur les actes d'accusation subsistants, devant une cour autre que celles qui auront rendu les deux arrêts.

444. Lorsqu'après une condamnation pour homicide, il sera, de l'ordre exprès du ministre de la justice, adressé à la cour de cassation, section criminelle, des pièces représentées postérieurement à la condamnation et propres à faire naître de suffisants indices sur l'existence de la personne dont la mort supposée aurait donné lieu à la condamnation, cette cour pourra préparatoirement désigner une cour impériale pour reconnaître l'existence et l'identité de la personne prétendue homicidée, et les constater par l'interrogatoire de cette personne, par audition de témoins, et par tous les moyens propres à mettre en évidence le fait destructif de la condamnation. — L'exécution de la condamnation sera de plein droit suspendue par l'ordre du ministre de la justice, jusqu'à ce que la cour de cassation ait prononcé, et, s'il y a lieu ensuite, par l'arrêt préparatoire de cette cour. — La cour désignée par celle de cassation prononcera simplement sur l'identité ou non identité de la personne ; et après

EXTRAITS DES CODES ANNOTÉS DE SIREY ET AUTRES AUTEURS.

ARRÊTS ET JURISPRUDENCE DE LA COUR DE CASSATION.	ARRÊTS ET JURISPRUDENCE DE LA COUR IMPÉRIALE DU RESSORT.

JUGEMENTS ET JURISPRUDENCE DU TRIBUNAL CIVIL DU RESSORT.

OBSERVATIONS DIVERSES.

que son arrêt aura été, avec la procédure, transmis à la cour de cassation, celle-ci pourra casser l'arrêt de condamnation, et même renvoyer, s'il y a lieu, l'affaire à une cour d'assises autre que celles qui en auraient primitivement connu.

445. Lorsqu'après une condamnation contre un accusé, l'un ou plusieurs des témoins qui avaient déposé à charge contre lui seront poursuivis pour avoir porté un faux témoignage dans le procès, et si l'accusation en faux témoignage est admise contre eux, ou même s'il est décerné contre eux des mandats d'arrêt, il sera sursis à l'exécution de l'arrêt de condamnation, quand même la cour de cassation aurait rejeté la requête du condamné. — Si les témoins sont ensuite condamnés pour faux témoignage à charge, le ministre de la justice, soit d'office, soit sur la réclamation de l'individu condamné par le premier arrêt, ou du procureur général, chargera le procureur général près la cour de cassation de dénoncer le fait à cette cour. — Ladite cour, après avoir vérifié la déclaration du jury, sur laquelle le second arrêt aura été rendu, annulera le premier arrêt, si par cette déclaration les témoins sont convaincus de faux témoignage à charge contre le premier condamné; et, pour être procédé contre l'accusé sur l'acte d'accusation subsistant, elle le renverra devant une cour d'assises autre que celles qui auront rendu soit le premier, soit le second arrêt. — Si les accusés de faux témoignage sont acquittés, le sursis sera levé de droit, et l'arrêt de condamnation sera exécuté.

446. Les témoins condamnés pour faux témoignage ne pourront pas être entendus dans les nouveaux débats.

447. Lorsqu'il y aura lieu de reviser une condamnation pour la cause exprimée en l'article 444, et que cette condamnation aura été portée contre un individu mort depuis, la cour de cassation créera un curateur à sa mémoire, avec lequel se fera l'instruction, et qui exercera tous les droits du condamné. — Si, par le résultat de la nouvelle procédure, la première condamnation se trouve avoir été portée injustement, le nouvel arrêt déchargera la mémoire du condamné de l'accusation qui avait été portée contre lui.

TITRE QUATRIÈME.

DE QUELQUES PROCÉDURES PARTICULIÈRES.

(Chap. I. — V. Loi décrétée le 12 décembre 1808. Promulguée le 22.)

(Chap. VI. — VII. Loi décrétée le 13 décembre. Promulguée le 23.)

CHAP. I. — DU FAUX.

448. Dans tous les procès pour faux en écriture, la pièce arguée de faux, aussitôt qu'elle aura été produite, sera déposée au greffe, signée et parafée à toutes les pages par le greffier, qui dressera un procès-verbal détaillé de l'état matériel de la pièce, et par la personne qui l'aura déposée, si elle sait signer, ce dont il sera fait mention; le tout à peine de cinquante francs d'amende contre le greffier qui l'aura reçue sans que cette formalité ait été remplie.

449. Si la pièce arguée de faux est tirée d'un dépôt public, le fonctionnaire qui s'en dessaisira la signera aussi et la parafera, comme il vient d'être dit, sous peine d'une pareille amende.

450. La pièce arguée de faux sera de plus signée par l'officier de police judiciaire, et par la partie civile ou son avoué, si ceux-ci se présentent. — Elle le sera également par le prévenu, au moment de sa comparution. — Si les comparants, ou quelques-uns d'entre eux, ne peuvent pas ou ne veulent pas signer, le procès-verbal en fera mention. — En cas de négligence ou d'omission, le greffier sera puni de cinquante francs d'amende.

451. Les plaintes et dénonciations en faux pourront toujours être suivies, lors même que les pièces qui en sont l'objet auraient servi de fondement à des actes judiciaires ou civils.

452. Tout dépositaire public ou particulier de pièces arguées de faux est tenu, sous peine d'y être contraint par corps, de les remettre, sur l'ordonnance donnée par l'officier du ministère public ou par le juge d'instruction. — Cette ordonnance et l'acte de dépôt lui serviront de décharge envers tous ceux qui auront intérêt à la pièce.

453. Les pièces qui seront fournies pour servir de comparaison seront signées et paraféees, comme il est dit aux trois premiers articles du présent chapitre pour la pièce arguée de faux, et sous les mêmes peines.

454. Tous dépositaires publics pourront être contraints, même par corps, à fournir les pièces de comparaison qui seront en leur possession : l'ordonnance par écrit et l'acte de dépôt leur serviront de décharge envers ceux qui pourraient avoir intérêt à ces pièces.

455. S'il est nécessaire de déplacer une pièce authentique, il en sera laissé au dépositaire une copie collationnée, laquelle sera vérifiée sur la minute ou l'original par le président du tribunal de son arrondissement, qui en dressera procès-verbal; et si le dépositaire est une personne publique, cette copie sera par lui mise au rang de ses minutes pour en tenir lieu jusqu'au renvoi de la pièce, et il pourra en délivrer des grosses ou expéditions, en faisant mention du procès-verbal. — Néanmoins, si la pièce se trouve faire partie d'un registre, de manière à ne pouvoir en être momentanément distraite, le tribunal pourra, en ordonnant l'apport du registre, dispenser de la formalité établie par le présent article.

456. Les écritures privées peuvent aussi être produites pour pièces de comparaison, et être admises à ce titre, si les parties intéressées les reconnaissent. — Néanmoins les particuliers qui, même de leur aveu, en sont possesseurs, ne peuvent être immédiatement contraints à les remettre; mais si, après avoir été cités devant le tribunal saisi pour faire cette remise ou déduire les motifs de leurs refus, ils succombent, l'arrêt ou le jugement pourra ordonner qu'ils y seront contraints par corps.

457. Lorsque les témoins s'expliqueront sur une pièce du procès, ils la paraferont et la signeront; et s'ils ne peuvent signer, le procès-verbal en fera mention.

458. Si, dans le cours d'une instruction ou d'une procédure, une pièce produite est arguée de faux par l'une des parties, elle sommera l'autre de déclarer si elle entend se servir de la pièce.

459. La pièce sera rejetée du procès, si la partie déclare qu'elle ne veut pas s'en servir, ou si, dans le délai de huit jours, elle ne fait aucune déclaration; et il sera passé outre à l'instruction et au jugement. — Si la partie déclare qu'elle entend se servir de la pièce, l'instruction sur le

ARRÊTS ET JURISPRUDENCE DE LA COUR
DE CASSATION.

ARRÊTS ET JURISPRUDENCE DE LA COUR IMPÉRIALE
DU RESSORT.

JUGEMENTS ET JURISPRUDENCE DU TRIBUNAL CIVIL DU RESSORT.

OBSERVATIONS DIVERSES.

faux sera suivie incidemment devant la cour ou le tribunal saisi de l'affaire principale.

460. Si la partie qui a argué de faux la pièce soutient que celui qui l'a produite est l'auteur ou le complice du faux, ou s'il résulte de la procédure que l'auteur ou le complice de faux soit vivant, et la poursuite du crime non éteinte par la prescription, l'accusation sera suivie criminellement dans les formes ci-dessus prescrites.— Si le procès est engagé au civil, il sera sursis au jugement jusqu'à ce qu'il ait été prononcé sur le faux. — S'il s'agit de crimes, délits ou contraventions, la cour ou le tribunal saisi est tenu de décider préalablement, et après avoir entendu l'officier chargé du ministère public, s'il y a lieu ou non à surseoir.

461. Le prévenu ou l'accusé pourra être requis de produire et de former un corps d'écriture; en cas de refus ou de silence, le procès-verbal en fera mention.

462. Si une cour ou un tribunal trouve dans la visite d'un procès, même civil, des indices sur un faux et sur la personne qui l'a commis, l'officier chargé du ministère public ou le président transmettra les pièces au substitut du procureur général près le juge d'instruction, soit du lieu où le délit paraîtra avoir été commis, soit du lieu où le prévenu pourra être saisi, et il pourra même délivrer le mandat d'amener.

463. Lorsque des actes authentiques auront été déclarés faux en tout ou en partie, la cour ou le tribunal qui aura connu du faux ordonnera qu'ils soient rétablis, rayés ou réformés, et du tout il sera dressé procès-verbal. — Les pièces de comparaison seront renvoyées dans les dépôts d'où elles auront été tirées, ou seront remises aux personnes qui les auront communiquées; le tout dans le délai de quinzaine à compter du jour de l'arrêt ou du jugement, à peine d'une amende de cinquante francs contre le greffier.

464. Le surplus de l'instruction sur le faux se fera comme sur les autres délits, sauf l'exception suivante. — Les présidents des cours d'assises, les procureurs généraux ou leurs substituts, les juges d'instruction et les juges de paix, pourront continuer, hors de leur ressort, les visites nécessaires chez les personnes soupçonnées d'avoir fabriqué, introduit, distribué de faux papiers impériaux, de faux billets de la banque de France ou des banques de département. —

La présente disposition a lieu également pour crime de fausse monnaie, ou de contrefaçon du sceau de l'État.

CHAP. II. — DES CONTUMACES.

465. Lorsqu'après un arrêt de mise en accusation, l'accusé n'aura pu être saisi, ou ne se présentera pas dans les dix jours de la notification qui en aura été faite à son domicile, — Ou lorsqu'après s'être présenté ou avoir été saisi, il se sera évadé, — Le président de la cour d'assises, ou, en son absence, le président du tribunal de première instance, et, à défaut de l'un et de l'autre, le plus ancien juge de ce tribunal, rendra une ordonnance portant qu'il sera tenu de se représenter dans un nouveau délai de dix jours, sinon qu'il sera déclaré rebelle à la loi, qu'il sera suspendu de l'exercice des droits de citoyen, que ses biens seront séquestrés pendant l'instruction de la contumace, que toute action en justice lui sera interdite pendant le même temps, qu'il sera procédé contre lui, et que toute personne est tenue d'indiquer le lieu où il se trouve. — Cette ordonnance fera de plus mention du crime et de l'ordonnance de prise de corps.

466. Cette ordonnance sera publiée à son de trompe ou de caisse, le dimanche suivant, et affichée à la porte du domicile de l'accusé, à celle du maire et à celle de l'auditoire de la cour d'assises. — Le procureur général ou son substitut adressera aussi cette ordonnance au directeur des domaines et droits d'enregistrement du domicile du contumax.

467. Après un délai de dix jours, il sera procédé au jugement de la contumace.

468. Aucun conseil, aucun avoué ne pourra se présenter pour défendre l'accusé contumax. — Si l'accusé est absent du territoire européen de la France, ou s'il est dans l'impossibilité absolue de se rendre, ses parents ou ses amis pourront présenter son excuse et en plaider la légitimité.

469. Si la cour trouve l'excuse légitime, elle ordonnera qu'il sera sursis au jugement de l'accusé et au séquestre de ses biens, pendant un temps qui sera fixé, eu égard à la nature de l'excuse et à la distance des lieux.

470. Hors ce cas, il sera procédé de suite à la lecture de l'arrêt de renvoi à la cour d'assises, de l'acte de notification de l'ordonnance ayant pour objet la représentation du contumax et des procès-verbaux dressés pour en constater la publication et l'affiche. — Après cette lecture, la cour, sur les conclusions du procureur général ou de son substitut, prononcera sur la contumace. — Si l'instruction n'est pas conforme à la loi, la cour la déclarera nulle, et ordonnera qu'elle sera recommencée, à partir du plus ancien acte illégal. — Si l'instruction est régulière, la cour prononcera sur l'accusation et statuera sur les intérêts civils, le tout sans assistance ni intervention de jurés.

471. Si le contumax est condamné, ses biens seront, à partir de l'exécution de l'arrêt, considérés et régis comme biens d'absents; et le compte du séquestre sera rendu à qui il appartiendra, après que la condamnation sera devenue irrévocable par l'expiration du délai donné pour purger la contumace.

472. « Extrait du jugement de condamnation sera, dans les huit jours de la prononciation, à la diligence du procureur général ou de son substitut, inséré dans l'un des journaux du département du dernier domicile du condamné. — Il sera affiché, en outre : 1° A la porte de ce dernier domicile; 2° de la maison commune du chef-lieu d'arrondissement où le crime a été commis; 3° du prétoire de la cour d'assises. — Pareil extrait sera, dans le même délai, adressé au directeur de l'administration de l'enregistrement et des domaines du contumax. — Les effets que la loi attache à l'exécution par effigie seront produits à partir de la date du dernier procès-verbal constatant l'accomplissement de la formalité de l'affiche prescrite par le présent article. »

473. Le recours en cassation ne sera ouvert contre les jugements de contumace qu'au procureur général et à la partie civile, en ce qui la regarde.

474. En aucun cas, la contumace d'un accusé ne suspendra ni ne retardera de plein droit l'instruction à l'égard de ses coaccusés présents. — La cour pourra ordonner, après le jugement de ceux-ci, la remise des effets déposés au greffe comme pièces de conviction, lorsqu'ils seront réclamés par les propriétaires ou ayants droit. Elle pourra aussi ne l'ordonner qu'à charge de représenter, s'il y a lieu. — Cette remise sera

ARRÊTS ET JURISPRUDENCE DE LA COUR DE CASSATION.	ARRÊTS ET JURISPRUDENCE DE LA COUR IMPÉRIALE DU RESSORT.

JUGEMENTS ET JURISPRUDENCE DU TRIBUNAL CIVIL DU RESSORT.

OBSERVATIONS DIVERSES.

précédée d'un procès-verbal de description, dressé par le greffier, à peine de cent francs d'amende.

475. Durant le séquestre, il peut être accordé des secours à la femme, aux enfants, au père ou à la mère de l'accusé, s'ils sont dans le besoin. — Ces secours seront réglés par l'autorité administrative.

476. Si l'accusé se constitue prisonnier, ou s'il est arrêté avant que la peine soit éteinte par prescription, le jugement rendu par contumace et les procédures faites contre lui depuis l'ordonnance de prise de corps ou de se représenter, seront anéantis de plein droit, et il sera procédé à son égard dans la forme ordinaire. — Si cependant la condamnation par contumace était de nature à emporter la mort civile, et si l'accusé n'a été arrêté ou ne s'est représenté qu'après les cinq ans qui ont suivi l'exécution du jugement de contumace, ce jugement, conformément à l'article 30 du Code Napoléon, conservera, pour le passé, les effets que la mort civile aurait produits dans l'intervalle écoulé depuis l'expiration des cinq ans jusqu'au jour de la comparution de l'accusé en justice.

477. Dans les cas prévus par l'article précédent, si, pour quelque cause que ce soit, des témoins ne peuvent être produits aux débats, leurs dépositions écrites et les réponses écrites des autres accusés du même délit seront lues à l'audience : il en sera de même de toutes les autres pièces qui seront jugées par le président être de nature à répandre la lumière sur le délit et les coupables.

478. Le contumax qui, après s'être représenté, obtiendrait son renvoi de l'accusation, sera toujours condamné aux frais occasionnés par sa contumace.

CHAP. III. — DES CRIMES COMMIS PAR DES JUGES, HORS DE LEURS FONCTIONS ET DANS L'EXERCICE DE LEURS FONCTIONS.

SECT. I. — *De la poursuite et instruction contre des juges, pour crimes et délits par eux commis hors de leurs fonctions.*

479. Lorsqu'un juge de paix, un membre du tribunal correctionnel ou de première instance, ou un officier chargé du ministère public près l'un de ces tribunaux, sera prévenu d'avoir commis, hors de ses fonctions, un délit emportant une peine correctionnelle, le procureur général près la cour impériale le fera citer devant cette cour, qui prononcera sans qu'il puisse y avoir appel.

480. S'il s'agit d'un crime emportant peine afflictive ou infamante, le procureur général près la cour impériale et le premier président de cette cour désigneront, le premier, le magistrat qui exercera les fonctions d'officier de police judiciaire; le second, le magistrat qui exercera les fonctions de juge d'instruction.

481. Si c'est un membre de cour impériale, ou un officier exerçant près d'elle le ministère public, qui soit prévenu d'avoir commis un délit ou un crime hors de ses fonctions, l'officier qui aura reçu les dénonciations ou les plaintes sera tenu d'en envoyer de suite des copies au ministre de la justice, sans aucun retard de l'instruction, qui sera continuée comme il est précédemment réglé, et il adressera pareillement au ministre une copie des pièces.

482. Le ministre de la justice transmettra les pièces à la cour de cassation, qui renverra l'affaire, s'il y a lieu, soit à un tribunal de police correctionnelle, soit à un juge d'instruction, pris l'un et l'autre hors du ressort de la cour à laquelle appartient le membre inculpé. — S'il s'agit de prononcer la mise en accusation, le renvoi sera fait à une autre cour impériale.

SECT. II. — *De la poursuite et instructions contre des juges et tribunaux autres que les membres de la cour de cassation, les cours impériales et les cours d'assises, pour forfaiture et autres crimes ou délits relatifs à leurs fonctions.*

483. Lorsqu'un juge de paix ou de police, ou un juge faisant partie d'un tribunal de commerce, un officier de police judiciaire, un membre du tribunal correctionnel ou de première instance, ou un officier chargé du ministère public près l'un de ces juges ou tribunaux, sera prévenu d'avoir commis, dans l'exercice de ses fonctions, un délit emportant une peine correctionnelle, ce délit sera poursuivi et jugé comme il est dit à l'article 479.

484. Lorsque des fonctionnaires de la qualité exprimée en l'article précédent seront prévenus d'avoir commis un crime emportant la peine de forfaiture ou autre plus grave, les fonctions ordinairement dévolues au juge d'instruction et au procureur impérial seront immédiatement remplies par le premier président et le procureur général près la cour impériale, chacun en ce qui le concerne, ou par tels autres officiers qu'ils auront respectivement et spécialement désignés à cet effet. — Jusqu'à cette délégation, et dans le cas où il existerait un corps de délit, il pourra être constaté par tout officier de police judiciaire; et, pour le surplus de la procédure, on suivra les dispositions générales du présent Code.

485. Lorsque le crime commis dans l'exercice des fonctions et emportant la peine de forfaiture ou autre plus grave sera imputé, soit à un tribunal entier de commerce, correctionnel ou de première instance, soit individuellement à un ou plusieurs membres des cours impériales, et aux procureurs généraux et substituts près ces cours, il sera procédé comme il suit.

486. Le crime sera dénoncé au ministre de la justice, qui donnera, s'il y a lieu, ordre au procureur général près la cour de cassation de le poursuivre sur la dénonciation. — Le crime pourra aussi être dénoncé directement à la cour de cassation par les personnes qui se prétendront lésées, mais seulement lorsqu'elles demanderont à prendre le tribunal ou le juge à partie, ou lorsque la dénonciation sera incidente à une affaire pendante à la cour de cassation.

487. Si le procureur général près la cour de cassation ne trouve pas dans les pièces à lui transmises par le ministre de la justice, ou produites par les parties, tous les renseignements qu'il jugera nécessaire, il sera, sur son réquisitoire, désigné par le premier président de cette cour un de ses membres pour l'audition des témoins et tous autres actes d'instruction qu'il peut y avoir lieu de faire dans la ville où siége la cour de cassation.

488. Lorsqu'il y aura des témoins à entendre ou des actes d'instruction à faire hors de la ville où siége la cour de cassation, le premier président de cette cour fera, à ce sujet, toutes délégations nécessaires à un juge d'instruction, même d'un département ou d'un arrondissement autres que ceux du tribunal ou du juge prévenu.

489. Après avoir entendu les témoins et terminé l'instruction qui lui aura été déléguée, le juge d'instruction mentionné en l'article précé-

---

EXTRAITS DES CODES ANNOTÉS DE SIREY ET AUTRES AUTEURS.

ARRÊTS ET JURISPRUDENCE DE LA COUR DE CASSATION.	ARRÊTS ET JURISPRUDENCE DE LA COUR IMPÉRIALE DU RESSORT.

JUGEMENTS ET JURISPRUDENCE DU TRIBUNAL CIVIL DU RESSORT.

OBSERVATIONS DIVERSES.

dent renverra les procès-verbaux et les autres actes, clos et cachetés, au premier président de la cour de cassation.

490. Sur le vu, soit des pièces qui auront été transmises par le ministre de la justice ou produites par les parties, soit des renseignements ultérieurs qu'il se sera procurés, le premier président décernera, s'il y a lieu, le mandat de dépôt. — Ce mandat désignera la maison d'arrêt dans laquelle le prévenu devra être déposé.

491. Le premier président de la cour de cassation ordonnera de suite la communication de la procédure au procureur général, qui, dans les cinq jours suivants, adressera à la section des requêtes son réquisitoire contenant la dénonciation du prévenu.

492. Soit que la dénonciation portée à la section des requêtes ait été, ou non, précédée d'un mandat de dépôt, cette section y statuera, toutes affaires cessantes. — Si elle la rejette, elle ordonnera la mise en liberté du prévenu. — Si elle l'admet, elle renverra le tribunal ou le juge prévenu devant les juges de la section civile, qui prononceront sur la mise en accusation.

493. La dénonciation incidente à une affaire pendante à la cour de cassation sera portée devant la section saisie de l'affaire; et si elle est admise, elle sera renvoyée de la section criminelle ou de celle des requêtes à la section civile, et de la section civile à celle des requêtes.

494. Lorsque, dans l'examen d'une demande en prise à partie ou de toute autre affaire, et sans qu'il y ait de dénonciation directe ni incidente, l'une des sections de la cour de cassation apercevra quelque délit de nature à faire poursuivre criminellement un tribunal ou un juge de la qualité exprimée en l'article 479, elle pourra d'office ordonner le renvoi conformément à l'article précédent.

495. Lorsque l'examen d'une affaire portée devant les sections réunies donnera lieu au renvoi d'office exprimé dans l'article qui précède, ce renvoi sera fait à la section civile.

496. Dans tous les cas, la section à laquelle sera fait le renvoi, sur dénonciation ou d'office, prononcera sur la mise en accusation. — Son président remplira les fonctions que la loi attribue aux juges d'instruction.

497. Ce président pourra déléguer l'audition des témoins et l'interrogatoire des prévenus à un autre juge d'instruction, pris même hors de l'arrondissement et du département où se trouvera le prévenu.

498. Le mandat d'arrêt que délivrera le président désignera la maison d'arrêt dans laquelle le prévenu devra être conduit.

499. La section de la cour de cassation, saisie de l'affaire, délibérera sur la mise en accusation, en séance non publique; les juges devront être en nombre impair. — Si la majorité des juges trouve que la mise en accusation ne doit pas avoir lieu, la dénonciation sera rejetée par un arrêt, et le procureur général fera mettre le prévenu en liberté.

500. Si la majorité des juges est pour la mise en accusation, cette mise en accusation sera prononcée par un arrêt qui portera en même temps ordonnance de prise de corps — En exécution de cet arrêt, l'accusé sera transféré dans la maison de justice de la cour d'assises qui sera désignée par celle de cassation dans l'arrêt même.

501. L'instruction ainsi faite devant la cour de cassation ne pourra être attaquée quant à la forme. — Elle sera commune aux complices du tribunal ou du juge poursuivi, lors même qu'ils n'exerceraient point de fonctions judiciaires.

502. Seront au surplus observées les autres dispositions du présent Code qui ne sont pas contraires aux formes de procéder prescrites par le présent chapitre.

503. Lorsqu'il se trouvera, dans la section criminelle saisie du recours en cassation dirigé contre l'arrêt de la cour d'assises à laquelle l'affaire aura été renvoyée, des juges qui auront concouru à la mise en accusation dans l'une des autres sections, ils s'abstiendront. — Et néanmoins, dans le cas d'un second recours qui donnera lieu à la réunion des sections, tous les juges pourront en connaître.

CHAP. IV. — DES DÉLITS CONTRAIRES AU RESPECT DU AUX AUTORITÉS CONSTITUÉES.

504. Lorsqu'à l'audience ou en tout autre lieu où se fait publiquement une instruction judiciaire, l'un ou plusieurs des assistants donneront des signes publics soit d'approbation, soit d'improbation, ou exciteront du tumulte, de quelque manière que ce soit, le président ou le juge les fera expulser; s'ils résistent à ses ordres, ou s'ils rentrent, le président ou le juge ordonnera de les arrêter et conduire dans la maison d'arrêt : il sera fait mention de cet ordre dans le procès-verbal; et, sur l'exhibition qui en sera faite au gardien de la maison d'arrêt, les perturbateurs y seront reçus et retenus pendant vingt-quatre heures.

505. Lorsque le tumulte aura été accompagné d'injures ou voies de fait donnant lieu à l'application ultérieure de peines correctionnelles ou de police, ces peines pourront être, séance tenante et immédiatement après que les faits auront été constatés, prononcées, savoir : — Celles de simple police, sans appel, de quelque tribunal ou juge qu'elles émanent; — Et celles de police correctionnelle, à la charge de l'appel, si la condamnation a été portée par un tribunal sujet à appel, ou par un juge seul.

506. S'il s'agit d'un crime commis à l'audience d'un juge seul, ou d'un tribunal sujet à appel, le juge ou le tribunal, après avoir fait arrêter le délinquant et dressé procès-verbal des faits, enverra les pièces et le prévenu devant les juges compétents.

507. A l'égard des voies de fait qui auraient dégénéré en crimes, ou de tous autres crimes flagrants et commis à l'audience de la cour de cassation, d'une cour impériale ou d'une cour d'assises, la cour procédera au jugement de suite et sans désemparer. — Elle entendra les témoins, le délinquant et le conseil qu'il aura choisi ou qui lui aura été désigné par le président; et, après avoir constaté les faits et ouï le procureur général ou son substitut, le tout publiquement, elle appliquera la peine par un arrêt, qui sera motivé.

508. Dans le cas de l'article précédent, si les juges présents à l'audience sont au nombre de cinq ou de six, il faudra quatre voix pour opérer la condamnation. — S'ils sont au nombre de sept, il faudra cinq voix pour condamner. — Au nombre de huit et au delà, l'arrêt de condamnation sera prononcé aux trois quarts des voix, de manière toutefois que, dans le calcul de ces trois quarts, les fractions, s'il s'en trouve, soient appliquées en faveur de l'absolution.

509. Les préfets, sous-préfets, maires et adjoints, officiers de police administrative ou

---

ARRÊTS ET JURISPRUDENCE DE LA COUR DE CASSATION.	ARRÊTS ET JURISPRUDENCE DE LA COUR IMPÉRIALE DU RESSORT.

JUGEMENTS ET JURISPRUDENCE DU TRIBUNAL CIVIL DU RESSORT.

OBSERVATIONS DIVERSES.

judiciaire, lorsqu'ils rempliront publiquement quelques actes de leur ministère, exerceront aussi les fonctions de police réglées par l'article 504; et, après avoir fait saisir les perturbateurs, ils dresseront procès-verbal du délit, et enverront ce procès-verbal, s'il y a lieu, ainsi que les prévenus, devant les juges compétents.

CHAP. V. — DE LA MANIÈRE DONT SERONT REÇUES EN MATIÈRE CRIMINELLE, CORRECTIONNELLE ET DE POLICE, LES DÉPOSITIONS DES PRINCES ET DE CERTAINS FONCTIONNAIRES DE L'ÉTAT.

510. Les princes ou princesses du sang impérial, les grands dignitaires et le ministre de la justice, ne pourront jamais être cités comme témoins, même pour les débats qui ont lieu en présence du jury, si ce n'est dans le cas où l'Empereur, sur la demande d'une partie et le rapport du ministre de la justice, aurait, par un décret spécial, autorisé cette comparution.

511. Les dépositions des personnes de cette qualité seront, sauf l'exception ci-dessus prévue, rédigées par écrit et reçues par le premier président de la cour impériale, si les personnes dénommées en l'article précédent résident ou se trouvent au chef-lieu d'une cour impériale : sinon par le président du tribunal de première instance de l'arrondissement dans lequel elles auraient leur domicile, ou se trouveraient accidentellement. — Il sera, à cet effet, adressé par la cour, ou le juge d'instruction saisi de l'affaire, au président ci-dessus nommé, un état des faits, demandes et questions, sur lesquels le témoignage est requis. — Ce président se transportera aux demeures des personnes dont il s'agit, pour recevoir leurs dépositions.

512. Les dépositions ainsi reçues seront immédiatement remises au greffe, ou envoyées closes et cachetées à celui de la cour ou du juge requérant, et communiquées sans délai à l'officier chargé du ministère public. — Dans l'examen devant le jury, elles seront lues publiquement aux jurés et soumises aux débats, sous peine de nullité.

513. Dans le cas où l'Empereur aurait ordonné ou autorisé la comparution de quelques-unes des personnes ci-dessus désignées devant le jury, l'ordonnance désignera le cérémonial à observer à leur égard.

514. A l'égard des ministres autres que le ministre de la justice, des grands officiers de la couronne, conseillers d'État chargés d'une partie dans l'administration publique, généraux en chef actuellement en service, ambassadeurs ou autres agents de l'Empereur accrédités près les cours étrangères, il sera procédé comme il suit : — Si leur déposition est requise devant la cour d'assises, ou devant le juge d'instruction du lieu de leur résidence ou de celui où ils se trouveraient accidentellement, ils devront la fournir dans les formes ordinaires. — S'il s'agit d'une déposition relative à une affaire poursuivie hors du lieu où ils résident pour l'exercice de leurs fonctions et de celui où ils se trouveraient accidentellement, et si cette déposition n'est pas requise devant le jury, le président ou le juge d'instruction saisi de l'affaire adressera à celui du lieu où résident ces fonctionnaires, à raison de leurs fonctions, un état des faits, demandes et questions, sur lesquels leur témoignage est requis. — S'il s'agit du témoignage d'un agent résidant auprès d'un gouvernement étranger, cet état sera adressé au ministre de la justice, qui en fera le renvoi sur les lieux, et désignera la personne qui recevra la déposition.

515. Le président ou le juge d'instruction, auquel sera adressé l'état mentionné en l'article précédent, fera assigner le fonctionnaire devant lui, et recevra sa déposition par écrit.

516. Cette déposition sera envoyée close et cachetée au greffe de la cour ou du juge requérant, communiquée et lue, comme il est dit en l'article 512, et sous les mêmes peines.

517. Si les fonctionnaires de la qualité exprimée dans l'article 514 sont cités à comparaître comme témoins devant un jury assemblé hors du lieu où ils résident pour l'exercice de leurs fonctions ou de celui où ils se trouveraient accidentellement, ils pourront en être dispensés par un décret de l'Empereur. — Dans ce cas, ils déposeront par écrit, et l'on observera les dispositions prescrites par les articles 514, 515 et 516.

CHAP. VI. — DE LA RECONNAISSANCE DE L'IDENTITÉ DES INDIVIDUS CONDAMNÉS, ÉVADÉS ET REPRIS.

518. La reconnaissance de l'identité d'un individu condamné, évadé et repris, sera faite par la cour qui aura prononcé sa condamnation. — Il en sera de même de l'identité d'un individu condamné à la déportation ou au bannissement, qui aura enfreint son ban et sera repris; et la cour, en prononçant l'identité, lui appliquera, de plus, la peine attachée par la loi à son infraction.

519. Tous ces jugements seront rendus sans assistance de jurés, après que la cour aura entendu les témoins appelés tant à la requête du procureur général qu'à celle de l'individu repris, si ce dernier en a fait citer. — L'audience sera publique, et l'individu repris sera présent, à peine de nullité.

520. Le procureur général et l'individu repris pourront se pourvoir en cassation, dans la forme et dans le délai déterminés par le présent Code, contre l'arrêt rendu sur la poursuite en reconnaissance d'identité.

CHAP. VII. — MANIÈRE DE PROCÉDER EN CAS DE DESTRUCTION OU D'ENLÈVEMENT DES PIÈCES OU DU JUGEMENT D'UNE AFFAIRE.

521. Lorsque, par l'effet d'un incendie, d'une inondation ou de toute autre cause extraordinaire, des minutes d'arrêts rendus en matière criminelle ou correctionnelle et non encore exécutés, ou des procédures encore indécises, auront été détruites, enlevées ou qu'il n'aura pas été possible de les rétablir, il sera procédé ainsi qu'il suit.

522. S'il existe une expédition ou copie authentique de l'arrêt, elle sera considérée comme minute, et en conséquence remise dans le dépôt destiné à la conservation des arrêts. — A cet effet, tout officier public ou tout individu dépositaire d'une expédition ou d'une copie authentique de l'arrêt est tenu, sous peine d'y être contraint par corps, de la remettre au greffe de la cour qui l'a rendu, sur l'ordre qui en sera donné par le président de cette cour. — Cet ordre lui servira de décharge envers ceux qui auront intérêt à la pièce. — Le dépositaire de l'expédition ou copie authentique de la minute détruite, enlevée ou égarée, aura la liberté, en la remettant dans le dépôt public, de s'en faire délivrer une expédition sans frais.

523. Lorsqu'il n'existera plus, en matière criminelle, d'expédition ni de copie authentique de l'arrêt, si la déclaration du jury existe encore en minute ou en copie authentique, on procé-

<table>
<tr><td>ARRÊTS ET JURISPRUDENCE DE LA COUR
DE CASSATION.</td><td>ARRÊTS ET JURISPRUDENCE DE LA COUR IMPÉRIALE
DU RESSORT.</td></tr>
</table>

JUGEMENTS ET JURISPRUDENCE DU TRIBUNAL CIVIL DU RESSORT.

OBSERVATIONS DIVERSES.

dera, d'après cette déclaration, à un nouveau jugement.

524. Lorsque la déclaration du jury ne pourra plus être représentée, ou lorsque l'affaire aura été jugée sans jurés, et qu'il n'en existera aucun acte par écrit, l'instruction sera recommencée, à partir du point où les pièces se trouveront manquer tant en minute qu'en expédition ou copie authentique.

TITRE CINQUIÈME.

DES RÈGLEMENTS DE JUGES, ET DES RENVOIS D'UN TRIBUNAL A UN AUTRE.

(Loi décrétée le 14 décembre 1808. Promulguée le 24.)

CHAP. I. — DES RÈGLEMENTS DE JUGES.

525. Toutes demandes en règlement de juges seront instruites et jugées sommairement et sur simples mémoires.

526. Il y aura lieu à être réglé de juges par la cour de cassation, en matière criminelle, correctionnelle ou de police, lorsque des cours, tribunaux ou juges d'instruction, ne ressortissant point les uns aux autres, seront saisis de la connaissance du même délit ou de délits connexes, ou de la même contravention.

527. Il y aura lieu également à être réglé de juges par la cour de cassation lorsqu'un tribunal militaire ou maritime ou un officier de police militaire ou tout autre tribunal d'exception, d'une part, une cour impériale ou d'assises, un tribunal jugeant correctionnellement, un tribunal de police ou un juge d'instruction, d'autre part, seront saisis de la connaissance du même délit ou de délits connexes, ou de la même contravention.

528. Sur le vu de la requête et des pièces, la cour de cassation, section criminelle, ordonnera que le tout soit communiqué aux parties, ou statuera définitivement, sauf l'opposition.

529. Dans le cas où la communication serait ordonnée sur le pourvoi en conflit du prévenu, de l'accusé ou de la partie civile, l'arrêt enjoindra à l'un et à l'autre des officiers chargés du ministère public près les autorités judiciaires concurremment saisies, de transmettre les pièces du procès et leur avis motivé sur le conflit.

530. Lorsque la communication sera ordonnée sur le pourvoi de l'un de ces officiers, l'arrêt ordonnera à l'autre de transmettre les pièces et son avis motivé.

531. L'arrêt de *soit-communiqué* fera mention sommaire des actes d'où naîtra le conflit, et fixera, selon la distance des lieux, le délai dans lequel les pièces et les avis motivés seront apportés au greffe. — La notification qui sera faite de cet arrêt aux parties emportera de plein droit sursis au jugement du procès, et, en matière criminelle, à la mise en accusation, ou, si elle a déjà été prononcée, à la formation du jury dans les cours d'assises, mais non aux actes et aux procédures conservatoires ou d'instruction. — Le prévenu ou l'accusé et la partie civile pourront présenter leurs moyens sur le conflit, dans la forme réglée par le chapitre II du titre III du présent livre pour le recours en cassation (art. 416 à 442).

532. Lorsque, sur la simple requête, il sera intervenu arrêt qui aura statué sur la demande en règlement de juges, cet arrêt sera, à la diligence du procureur général près la cour de cassation, et par l'intermédiaire du ministre de la justice, notifié à l'officier chargé du ministère public près la cour, le tribunal ou le magistrat dessaisi. — Il sera notifié de même au prévenu ou à l'accusé, et à la partie civile, s'il y en a une.

533. Le prévenu ou l'accusé et la partie civile pourront former opposition à l'arrêt, dans le délai de trois jours et dans les formes prescrites par le chapitre II du titre III du présent livre pour le recours en cassation (art. 416 à 442).

534. L'opposition dont il est parlé au précédent article entraînera de plein droit sursis au jugement du procès, comme il est dit en l'article 531.

535. Le prévenu qui ne sera pas en arrestation, l'accusé qui ne sera pas retenu dans la maison de justice, et la partie civile, ne seront point admis au bénéfice de l'opposition, s'ils n'ont antérieurement, ou dans le délai fixé par l'article 533, élu domicile dans le lieu où siége l'une des autorités judiciaires en conflit. — A défaut de cette élection, ils ne pourront non plus exciper de ce qu'il ne leur aurait été fourni aucune communication, dont le poursuivant sera dispensé à leur égard.

536. La cour de cassation, en jugeant le conflit, statuera sur tous les actes qui pourraient avoir été faits par la cour, le tribunal ou le magistrat qu'elle dessaisira.

537. Les arrêts rendus sur des conflits ne pourront pas être attaqués par la voie de l'opposition, lorsqu'ils auront été précédés d'un arrêt de *soit-communiqué*, dûment exécuté.

538. L'arrêt rendu, ou après un *soit-communiqué*, sur une opposition, sera notifié aux mêmes parties et dans la même forme que l'arrêt qui l'aura précédé.

539. Lorsque le prévenu ou l'accusé, l'officier chargé du ministère public, ou la partie civile, aura excipé de l'incompétence d'un tribunal de première instance ou d'un juge d'instruction, ou proposé un déclinatoire, soit que l'exception ait été admise ou rejetée, nul ne pourra recourir à la cour de cassation pour être réglé de juges, sauf à se pourvoir devant la cour impériale contre la décision portée par le tribunal de première instance ou le juge d'instruction, et à se pourvoir en cassation, s'il y a lieu, contre l'arrêt rendu par la cour impériale.

540. Lorsque deux juges d'instruction ou deux tribunaux de première instance, établis dans le ressort de la même cour impériale, seront saisis de la connaissance du même délit ou de délits connexes, les parties seront réglées de juges par cette cour, suivant la forme prescrite au présent chapitre, sauf le recours, s'il y a lieu, à la cour de cassation. — Lorsque deux tribunaux de police simple seront saisis de la connaissance de la même contravention ou de contraventions connexes, les parties seront réglées de juges par le tribunal auquel ils ressortissent l'un et l'autre: et s'ils ressortissent à différents tribunaux, elles seront réglées par la cour impériale, sauf le recours, s'il y a lieu, à la cour de cassation.

541. La partie civile, le prévenu ou l'accusé qui succombera dans la demande en règlement de juges qu'il aura introduite, pourra être condamné à une amende qui toutefois n'excédera point la somme de trois cents francs, dont moitié sera pour la partie.

CHAP. II. — DES RENVOIS D'UN TRIBUNAL A UN AUTRE.

542. En matière criminelle, correctionnelle et de police, la cour de cassation peut, sur la

ARRÊTS ET JURISPRUDENCE DE LA COUR DE CASSATION.	ARRÊTS ET JURISPRUDENCE DE LA COUR IMPÉRIALE DU RESSORT.

JUGEMENT ET JURISPRUDENCE DU TRIBUNAL CIVIL DU RESSORT.

OBSERVATIONS DIVERSES.

réquisition du procureur général près cette cour, renvoyer la connaissance d'une affaire, d'une cour impériale ou d'assises à une autre, d'un tribunal correctionnel ou de police à un autre tribunal de même qualité, d'un juge d'instruction à un autre juge d'instruction, pour cause de sûreté publique ou de suspicion légitime. — Ce renvoi peut aussi être ordonné sur la réquisition des parties intéressées, mais seulement pour cause de suspicion légitime.

543. La partie intéressée qui aura procédé volontairement devant une cour, un tribunal ou un juge d'instruction, ne sera reçue à demander le renvoi qu'à raison des circonstances survenues depuis, lorsqu'elles seront de nature à faire naître une suspicion légitime.

544. Les officiers chargés du ministère public pourront se pourvoir immédiatement devant la cour de cassation, pour demander le renvoi pour cause de suspicion légitime; mais, lorsqu'il s'agira d'une demande en renvoi pour cause de sûreté publique, ils seront tenus d'adresser leurs réclamations, leurs motifs et les pièces à l'appui, au ministre de la justice, qui les transmettra, s'il y a lieu, à la cour de cassation.

545. Sur le vu de la requête et des pièces, la cour de cassation, section criminelle, statuera définitivement, sauf l'opposition, ou ordonnera que le tout soit communiqué.

546. Lorsque le renvoi sera demandé par le prévenu, l'accusé ou la partie civile, et que la cour de cassation ne jugera à propos ni d'accueillir ni de rejeter cette demande sur-le-champ, l'arrêt en ordonnera la communication à l'officier chargé du ministère public près la cour, le tribunal ou le juge d'instruction saisi de la connaissance du délit, et enjoindra à cet officier de transmettre les pièces avec son avis motivé sur la demande en renvoi; l'arrêt ordonnera de plus, s'il y a lieu, que la communication sera faite à l'autre partie.

547. Lorsque la demande en renvoi sera formée par l'officier chargé du ministère public, et que la cour de cassation n'y statuera point définitivement, elle ordonnera, s'il y a lieu, que la communication sera faite aux parties, ou prononcera telle autre disposition préparatoire qu'elle jugera nécessaire.

548. Tout arrêt qui, sur le vu de la requête et des pièces, aura définitivement statué sur une demande en renvoi, sera, à la diligence du procureur général près la cour de cassation, et par l'intermédiaire du ministre de la justice, notifié, soit à l'officier chargé du ministère public près la cour, le tribunal ou le juge d'instruction dessaisi, soit à la partie civile, au prévenu ou à l'accusé en personne ou au domicile élu.

549. L'opposition ne sera pas reçue si elle n'est pas formée d'après les règles et dans le délai fixé au chapitre Ier du présent titre.

550. L'opposition reçue emporte de plein droit sursis au jugement du procès, comme il est dit en l'article 531.

551. Les articles 525, 530, 531, 534, 535, 536, 537, 538 et 541, seront communs aux demandes en renvoi d'un tribunal à un autre.

552. L'arrêt qui aura rejeté une demande en renvoi n'exclura pas une nouvelle demande en renvoi, fondée sur des faits survenus depuis.

TITRE SIXIÈME.

DES COURS SPÉCIALES.

(Loi décrétée le 15 décembre 1808. Promulguée le 25.)

553 à 599. *Abrogés par l'article 54 de la Charte.*

TITRE SEPTIÈME.

DE QUELQUES OBJETS D'INTÉRÊT PUBLIC ET DE SÛRETÉ GÉNÉRALE.

(Loi décrétée le 16 décembre 1808. Promulguée le 26.)

CHAP. I. — DU DÉPOT GÉNÉRAL DE LA NOTICE DES JUGEMENTS.

600. Les greffiers des tribunaux correctionnels et des cours d'assises seront tenus de consigner, par ordre alphabétique, sur un registre particulier, les noms, prénoms, professions, âge et résidences de tous les individus condamnés à un emprisonnement correctionnel ou à une plus forte peine : ce registre contiendra une notice sommaire de chaque affaire et de la condamnation, à peine de cinquante francs d'amende pour chaque omission.

601. Tous les trois mois, les greffiers enverront, sous peine de cent francs d'amende, copie de ces registres au ministre de la justice et à celui de la police générale.

602. Ces deux ministres feront tenir dans la même forme un registre général composé de ces diverses copies.

CHAP. II. — DES PRISONS, MAISONS D'ARRÊT ET DE JUSTICE.

603. Indépendamment des prisons établies pour peines, il y aura dans chaque arrondissement, près du tribunal de première instance, une maison d'arrêt pour y retenir les prévenus; et, près de chaque cour d'assises, une maison de justice pour y retenir ceux contre lesquels il aura été rendu une ordonnance de prise de corps.

604. Les maisons d'arrêt et de justice seront entièrement distinctes des prisons établies pour peines.

605. Les préfets veilleront à ce que ces différentes maisons soient non-seulement sûres, mais propres, et telles que la santé des prisonniers ne puisse être aucunement altérée.

606. Les gardiens de ces maisons seront nommés par les préfets.

607. Les gardiens des maisons d'arrêt, des maisons de justice et des prisons, seront tenus d'avoir un registre. — Ce registre sera signé et parafé, à toutes les pages, par le juge d'instruction, pour les maisons d'arrêt; par le président de la cour d'assises, ou, en son absence, par le président du tribunal de première instance, pour les maisons de justice; et par le préfet, pour les prisons pour peines.

608. Tout exécuteur de mandat d'arrêt, d'ordonnance de prise de corps, d'arrêt ou de jugement de condamnation, est tenu, avant de remettre au gardien la personne qu'il conduira, de faire inscrire sur le registre l'acte dont il sera porteur; l'acte de remise sera écrit devant lui. — Le tout sera signé tant par lui que par le gardien. — Le gardien lui en remettra une copie signée de lui, pour sa décharge.

609. Nul gardien ne pourra, à peine d'être poursuivi et puni comme coupable de détention arbitraire, recevoir ni retenir aucune personne qu'en vertu soit d'un mandat de dépôt, soit d'un

ARRÊTS ET JURISPRUDENCE DE LA COUR
DE CASSATION.

ARRÊTS ET JURISPRUDENCE DE LA COUR IMPÉRIALE
DU RESSORT.

JUGEMENTS ET JURISPRUDENCE DU TRIBUNAL CIVIL DU RESSORT.

OBSERVATIONS DIVERSES.

ARRÊTS ET JURISPRUDENCE DE LA COUR
DE CASSATION.

ARRÊTS ET JURISPRUDENCE DE LA COUR IMPÉRIALE
DU RESSORT.

mandat d'arrêt décerné selon les formes prescrites par la loi, soit d'un arrêt de renvoi devant une cour d'assises, d'un décret d'accusation ou d'un arrêt ou jugement de condamnation à peine afflictive ou à un emprisonnement, et sans que la transcription en ait été faite sur son registre.

610. Le registre ci-dessus mentionné contiendra également, en marge de l'acte de remise, la date de la sortie du prisonnier, ainsi que l'ordonnance, l'arrêt ou le jugement en vertu duquel elle aura lieu.

611. Le juge d'instruction est tenu de visiter, au moins une fois par mois, les personnes retenues dans la maison d'arrêt de l'arrondissement. — Une fois au moins dans le cours de chaque session de la cour d'assises, le président de cette cour est tenu de visiter les personnes retenues dans la maison de justice. — Le préfet est tenu de visiter, au moins une fois par an, toutes les maisons de justice et prisons et tous les prisonniers du département.

612. Indépendamment des visites ordonnées par l'article précédent, le maire de chaque commune où il y aura soit une maison d'arrêt, soit une maison de justice, soit une prison, et dans les communes où il y aura plusieurs maires, le préfet de police ou le commissaire général de police est tenu de faire, au moins une fois par mois, la visite de ces maisons.

613. Le maire, le préfet de police ou le commissaire général de police, veillera à ce que la nourriture des prisonniers soit suffisante et saine: la police de ces maisons lui appartiendra. — Le juge d'instruction et le président des assises pourront néanmoins donner respectivement tous les ordres qui devront être exécutés dans les maisons d'arrêt et de justice, et qu'ils croiront nécessaires, soit pour l'instruction, soit pour le jugement.

614. Si quelque prisonnier use de menaces, injures ou violences, soit à l'égard du gardien ou de ses préposés, soit à l'égard des autres prisonniers, il sera, sur les ordres de qui il appartiendra, resserré plus étroitement, enfermé seul, même mis aux fers en cas de fureur ou de violence grave, sans préjudice des poursuites auxquelles il pourrait avoir donné lieu.

615. En exécution des articles 77, 78, 79, 80, 81 et 82 de l'acte des constitutions du 22 frimaire an VIII, quiconque aura connaissance qu'un individu est détenu dans un lieu qui n'a pas été destiné à servir de maison d'arrêt, de justice ou de prison, est tenu d'en donner avis au juge de paix, au procureur impérial, ou à son substitut, ou au juge d'instruction ou au procureur général près la cour impériale.

616. Tout juge de paix, tout officier chargé du ministère public, tout juge d'instruction, est tenu d'office ou sur l'avis qu'il en aura reçu, sous peine d'être poursuivi comme complice de détention arbitraire, de s'y transporter aussitôt, et de faire mettre en liberté la personne détenue, ou, s'il est allégué quelque cause légale de détention, de la faire conduire sur-le-champ devant le magistrat compétent.—Il dressera du tout son procès-verbal.

617. Il rendra, au besoin, une ordonnance, dans la forme prescrite par l'article 95 du présent Code. — En cas de résistance, il pourra se faire assister de la force nécessaire, et toute personne requise est tenue de prêter main forte.

618. Tout gardien qui aura refusé, ou de montrer au porteur de l'ordre de l'officier civil ayant la police de la maison d'arrêt, de justice, ou de la prison, la personne du détenu, sur la réquisition qui en sera faite, ou de montrer l'ordre qui le lui défend, ou de faire au juge de paix l'exhibition de ses registre, ou de lui laisser prendre telle copie que celui-ci croira nécessaire de partie de ses registres, sera poursuivi comme coupable ou complice de détention arbitraire.

CHAP. IV. — DE LA RÉHABILITATION DES CONDAMNÉS.
(Loi des 3-6 juillet 1852.)

619. « Tout condamné à une peine afflictive ou infamante, ou à une peine correctionnelle, qui a subi sa peine, ou qui a obtenu des lettres de grâce, peut être réhabilité.

620. « La demande en réhabilitation pour les condamnés à une peine afflictive ou infamante ne peut être formée que cinq ans après le jour de leur libération. — Néanmoins, ce délai court, au profit des condamnés à la dégradation civique, du jour où la condamnation est devenue irrévocable, ou de celui de l'expiration de la peine de l'emprisonnement, si elle a été prononcée.— Il court, au profit du condamné à la surveillance de la haute police prononcée comme peine principale, du jour où la condamnation est devenue irrévocable. — Le délai est réduit à trois ans pour les condamnés à une peine correctionnelle.

621. « Le condamné à une peine afflictive ou infamante ne peut être admis à demander sa réhabilitation s'il n'a résidé dans le même arrondissement depuis cinq années, et pendant les deux dernières dans la même commune. — Le condamné à une peine correctionnelle ne peut être admis à demander sa réhabilitation s'il n'a résidé dans le même arrondissement depuis trois années, et pendant les deux dernières dans la même commune.

622. « Le condamné adresse la demande en réhabilitation au procureur impérial de l'arrondissement, en faisant connaître : 1° la date de sa condamnation ; 2° les lieux où il a résidé depuis sa libération, s'il s'est écoulé après cette époque un temps plus long que celui fixé par l'article 620.

623. « Il doit justifier du payement des frais de justice, de l'amende et des dommages-intérêts auxquels il a pu être condamné, ou de la remise qui lui en a été faite. —A défaut de cette justification, il doit établir qu'il a subi le temps de contrainte par corps déterminé par la loi, ou que la partie lésée a renoncé à ce moyen d'exécution. — S'il est condamné pour banqueroute frauduleuse, il doit justifier du payement du passif de la faillite, en capital, intérêts et frais, ou de la remise qui lui en a été faite.

624. « Le procureur impérial provoque, par l'intermédiaire du sous-préfet, des attestations délibérées par les conseils municipaux des communes où le condamné a résidé, faisant connaître : 1° La durée de sa résidence dans chaque commune, avec indication du jour où elle a commencé, et de celui auquel elle a fini; — 2° Sa conduite pendant la durée de son séjour ; — 3° Ses moyens d'existence pendant le même temps. — Ces attestations doivent contenir la mention expresse qu'elles ont été rédigées pour servir à l'appréciation de la demande en réhabilitation.—Le procureur impérial prend, en outre, l'avis du maire des communes et du juge de paix

ARRÊTS ET JURISPRUDENCE DE LA COUR DE CASSATION.	ARRÊTS ET JURISPRUDENCE DE LA COUR IMPÉRIALE DU RESSORT.

JUGEMENTS ET JURISPRUDENCE DU TRIBUNAL CIVIL DU RESSORT.

OBSERVATIONS DIVERSES.

des cantons où le condamné a résidé, ainsi que celui du sous-préfet de l'arrondissement.

625. « Le procureur impérial se fait délivrer : 1° une expédition de l'arrêt de condamnation ; 2° un extrait des registres des lieux de détention où la peine a été subie, constatant quelle a été la conduite du condamné. — Il transmet les pièces avec son avis au procureur général.

626. « La cour dans le ressort de laquelle réside le condamné est saisie de la demande. — Les pièces sont déposées au greffe de cette cour par les soins du procureur général.

627. « Dans les deux mois du dépôt, l'affaire est rapportée à la chambre d'accusation ; le procureur général donne ses conclusions motivées et par écrit. — Il peut requérir en tout état de cause, et la cour peut ordonner, même d'office, de nouvelles informations, sans qu'il puisse en résulter un retard de plus de six mois.

628. « La cour, le procureur général entendu, donne son avis motivé.

629. « Si l'avis de la cour n'est pas favorable à la réhabilitation, une nouvelle demande ne peut être formée avant l'expiration d'un délai de deux années.

630. « Si l'avis est favorable, il est, avec les pièces produites, transmis par le procureur général, et dans le plus bref délai possible, au ministre de la justice, qui peut consulter la cour ou le tribunal qui a prononcé la condamnation.

631. « L'Empereur statue sur le rapport du ministre de la justice.

632. « Des lettres de réhabilitation seront expédiées en cas d'admission de la demande.

633. « Les lettres de réhabilitation sont adressées à la cour qui a délibéré l'avis. — Une copie authentique en est adressée à la cour ou au tribunal qui a prononcé la condamnation. Ces lettres seront transcrites en marge de la minute de l'arrêt ou du jugement de condamnation.

634. « La réhabilitation fait cesser pour l'avenir, dans la personne du condamné, toutes les incapacités qui résultaient de la condamnation. — Les interdictions prononcées par l'article 612 du Code de commerce sont maintenues nonobstant la réhabilitation obtenue en vertu des dispositions qui précèdent. — Aucun individu, condamné pour crime, qui aurait commis un second crime et subi une nouvelle condamnation à une peine afflictive ou infamante, ne sera admis à la réhabilitation. — Le condamné qui, après avoir obtenu sa réhabitation, aura encouru une nouvelle condamnation, ne sera plus admis au bénéfice des dispositions qui précèdent. »

CHAP. V. — DE LA PRESCRIPTION.

635. Les peines portées par les arrêts ou jugements rendus en matière criminelle se prescriront par vingt années révolues, à compter de la date des arrêts ou jugements. — Néanmoins le condamné ne pourra résider dans le département où demeureraient, soit celui sur lequel ou contre la propriété duquel le crime aurait été commis, soit ses héritiers directs. — Le gouvernement pourra assigner au condamné le lieu de son domicile.

636. Les peines portées par les arrêts ou jugements rendus en matière correctionnelle se prescriront par cinq années révolues, à compter de la date de l'arrêt ou du jugement rendu en dernier ressort ; et, à l'égard des peines prononcées par les tribunaux de première instance, à compter du jour où ils ne pourront plus être attaqués par la voie de l'appel.

637. L'action publique et l'action civile résultant d'un crime de nature à entraîner la peine de mort ou des peines afflictives perpétuelles, ou de tout autre crime emportant peine afflictive ou infamante, se prescriront après dix années révolues, à compter du jour où le crime aura été commis, si dans cet intervalle il n'a été fait aucun acte d'instruction ni de poursuite. — S'il a été fait, dans cet intervalle, des actes d'instruction ou de poursuite non suivis de jugement, l'action publique et l'action civile ne se prescriront qu'après dix années révolues, à compter du dernier acte, à l'égard même des personnes qui ne seraient pas impliquées dans cet acte d'instruction ou de poursuite.

638. Dans les deux cas exprimés en l'article précédent, et suivant les distinctions d'époques qui y sont établies, la durée de la prescription sera réduite à trois années révolues s'il s'agit d'un délit de nature à être puni correctionnellement.

639. Les peines portées par les jugements rendus pour contraventions de police seront prescrites après deux années révolues, savoir. pour les peines prononcées par arrêt ou jugement en dernier ressort, à compter du jour de l'arrêt ; et, à l'égard des peines prononcées par les tribunaux de première instance, à compter du jour où ils ne pourront plus être attaqués par la voie de l'appel.

640. L'action publique et l'action civile pour une contravention de police seront prescrites après une année révolue, à compter du jour où elle aura été commise, même lorsqu'il y aura eu procès-verbal, saisie, instruction ou poursuite, si, dans cet intervalle, il n'est point intervenu de condamnation ; s'il y a eu un jugement définitif de première instance, de nature à être attaqué par la voie de l'appel, l'action publique et l'action civile se prescriront après une année révolue, à compter de la notification de l'appel qui en aura été interjeté.

641. En aucun cas, les condamnés par défaut ou par contumace. dont la peine est prescrite, ne pourront être admis à se présenter pour purger le défaut ou la contumace.

642. Les condamnations civiles portées par les arrêts ou par les jugements rendus en matière criminelle, correctionnelle ou de police, et devenues irrévocables, se prescriront d'après les règles établies par le Code Napoléon.

643. Les dispositions du présent chapitre ne dérogent point aux lois particulières relatives à la prescription des actions résultant de certains délits ou de certaines contraventions.

EXTRAITS DES CODES ANNOTÉS DE SIREY ET AUTRES AUTEURS.

ARRÊTS ET JURISPRUDENCE DE LA COUR
DE CASSATION.

ARRÊTS ET JURISPRUDENCE DE LA COUR IMPÉRIALE
DU RESSORT.

JUGEMENTS ET JURISPRUDENCE DU TRIBUNAL CIVIL DU RESSORT.

OBSERVATIONS DIVERSES.

Paris, Imp. Paul Dupont.

www.ingramcontent.com/pod-product-compliance
Ingram Content Group UK Ltd.
Pitfield, Milton Keynes, MK11 3LW, UK
UKHW031816170726
13836UKWH00003B/1432